Les Révolutions de l'orgasme

Magali Croset-Calisto

Les Révolutions de l'orgasme

Éditions de L'Observatoire

ISBN : 979-10-329-1848-7
Dépôt légal : 2022, mai

170 *bis*, boulevard du Montparnasse, 75014 Paris

Préliminaires

Première révolution

La confrontation à la mort m'insuffla la passion de la vie.

J'avais quatre ans. Mon tout premier souvenir, ma première conscience de l'existence. J'étais avec Alice, ma grand-mère. Le téléphone avait sonné. Sur-le-champ, j'avais compris qu'il se passait quelque chose. Alice s'était rendue en urgence auprès de ses parents. Avant de partir, elle avait pris soin de me rassurer car j'avais entendu que son père était en train de « mourir ». Je ne savais pas ce que ce mot signifiait. J'avais écouté, tenté de comprendre, d'imaginer. Ma grand-mère était terrassée, mais digne. Je l'ai regardée démarrer sur les chapeaux de roue sa 2 CV dans laquelle on faisait, elle et moi, de sacrées virées. Son permis, c'était sa fierté. La majeure partie des femmes de sa génération étaient restées tributaires de leur mari pour se déplacer. Jusqu'à sa mort, elle me répétera combien c'était une chance dans sa vie que de savoir conduire. Grâce à cette liberté, elle avait pu rejoindre son père en pleine agonie. Le transport mécanique au service du transport ultime, ce terminus de la vie.

Je me souviens de cette peur de l'inconnu que je n'avais pas encore vécue. C'était la première fois que j'entendais parler de la mort d'une manière aussi vivante. Si certains détails m'échappent, je me rappelle ce grand événement qui insuffla ensuite ma philosophie de vie. C'était le lendemain du décès. J'ai traversé la cuisine située à l'entrée. Fernand, mon arrière-grand-père, reposait dans le salon. C'était le temps où l'on gardait encore les morts à la maison. Mes parents, exceptionnellement absents, étaient sur le chemin du retour. C'est ma grand-mère qui m'avait expliqué les choses de la vie par des mots simples, comme il est bon de le faire à un enfant. Elle m'avait alors pris la main en me disant tout simplement : « Viens, on va dire au revoir au pépé. » Choc des mains jaunes et froides du défunt. Choc de cette odeur prégnante, qui quarante ans plus tard me hante encore. À ce moment précis, j'ai compris ce que signifiait *être mort*. Le caractère éphémère de l'existence s'imposa à moi. Grâce à la justesse des mots, grâce au « naturel » de la situation ainsi qu'à l'amour sécurisant de mes proches, j'ai pu vivre cet épisode comme un passage vers une compréhension du monde. Le trépas de mon arrière-grand-père représente ma première initiation à la vie. Le voir sur son lit de mort me fit prendre conscience du grand sablier. « Si tout est donc périssable, alors plus une minute à perdre : vivons ! » La mort a réveillé en moi l'amour de la vie.

Première révolution : vivre dans la joie et l'urgence de vivre.

Deuxième révolution

J'avais onze ans. Alors que j'entrais en cours de biologie, j'entendis l'un de mes camarades de classe marmonner.

— Qu'est-ce que tu dis ?

Je m'approchai pour entendre. Ce dernier bredouillait qu'il en avait marre de la biologie, que ce n'était pas en cours qu'il voulait aller, que lui, lui… il préférait les récréations et les jeux avec les amis et puis les bonnes blagues, celles surtout où l'on pouvait parler de… sexe !

— Ouais tiens, ce n'est pas en cours de biologie qu'on devrait aller, mais plutôt en cours de… de *sexologie* !

Le mot venait d'être lâché. Pour lui, la fierté de la formule. Pour moi le choc de l'idée, incrédule. Le vertige, même. Avant l'embrasement. D'où venait ce mot ? Comment ce camarade avait-il pu imaginer une telle chose ? Un tel cours existait-il vraiment ? Je le questionnai mais il me répondit, confus, qu'il n'en savait trop rien. Que cela lui était venu « comme ça », « spontanément ». Il en rougissait d'ailleurs, devant tant de questionnements…

Le mot n'était pas tombé dans l'oreille d'une sourde. Il submergeait mon être comme un tsunami, une révélation. Transport des sens face à la situation : et si le sexe était aussi une science ? Et si plutôt que d'aller en cours de biologie, nous pouvions effectivement aller en cours de sexologie ? Puisque le sexe se vit, il doit bien pouvoir s'étudier aussi ? Formidable. Je trouvais l'idée formidable.

Quel pied ! Quelle révolution ! Du haut de mes onze ans, je ne voyais plus l'avenir de la même façon.

C'est à cette époque qu'arrivèrent mes premiers questionnements théoriques sur le sexe. Non pas sur la procréation (ma mère, institutrice, nous avait déjà fort bien enseigné cela), mais sur les rapports sexuels en eux-mêmes, sur tout ce qui se passe dans le corps et dans la tête des individus quand l'union se produit. À la suite de cet épisode, je décidai de m'intéresser à toutes ces choses dont les humains parlent si peu, mais qui les fascinent tant.

Deuxième révolution : il y a des mots qui changent le cours d'une vie.

Pour moi, ce fut le mot « sexologie ».

Troisième révolution

Au fil des années, les réflexions sur l'amour et le sexe se sont intensifiées. Malheureusement, il n'existait pas encore de faculté de sexologie en France. Qu'à cela ne tienne, j'irais constituer mon bagage théorique en fac de lettres, en y associant psychologie, documentation et étude des arts. De quoi tenter une première approche de l'éros dans la civilisation. Mon doctorat littéraire en poche, je décidai d'enseigner puis de voir du pays. Rome, Genève, Paris. Une modification à la Butor.

C'est alors, à l'âge de trente ans, lors d'un vernissage au musée d'Art moderne de la ville de Genève, que le grand rappel se produisit, le *kaïros* avait jailli : « La sexologie, c'est ici. Ici et maintenant, même ! »

Retour sur les bancs de la fac. Non pas en France, mais en Suisse cette fois. Face à moi, le Pr Georges Abraham, l'un des fondateurs de la sexologie en Europe. Les cours s'enchaînent. La Suisse et son approche intégrative m'apportent une bouffée d'air. La pensée y est ouverte, audacieuse. Pour la première fois de mon existence, je sais, je sens que je suis profondément en congruence entre ce que je fais, ce que je souhaite et là où je suis. Sensation inoubliable qui ancre l'humain dans l'histoire de sa vie. Transcendance de la congruence.

Troisième révolution : rencontre du principe de plaisir et du principe de réalité. Cette fois j'y suis vraiment, en cours de sexologie.

Ces récits très personnels représentent les trois révolutions qui, depuis plusieurs décennies, m'ont portée sans le savoir vers l'écriture de ce livre. À rebours, je découvre qu'il rassemble quarante ans de vie, de réflexions, de lectures, d'études, de doutes et de questionnements sur l'amour, le sexe, la mort aussi.

Pour suivre le fil des révélations, j'ai récemment appris que mon nom contient les lettres même de mon thème de prédilection. La découverte de mon anagramme par le spécialiste en titre Jacques Perry-Salkow[1] vint confirmer l'évidence de ce livre :

1. Jacques Perry-Salkow est le spécialiste des anagrammes en France. Il a publié *Anagrammes renversantes* (avec Étienne Klein),

Magali Croset-Calisto
Calisto cita l'orgasme

Pareille anagramme ne s'invente pas…

Puissent ces pages vous transporter un peu et vous questionner beaucoup sur les mystères du sexe et de l'amour. Puissent ces pages vous accompagner sur les mille et un chemins des plaisirs de votre vie. Car nul autre endroit au monde ne saurait être aussi révélateur des individus que celui de l'alcôve et du lit.

Bien sexo-logiquement vôtre,

Magali Croset-Calisto

Anagrammes à la folie (avec Sylvain Tesson), *Anagrammes pour lire dans les pensées* (avec Raphaël Enthoven), *Anagrammes dans le boudoir* (avec Laurence Castelain). Et je le remercie chaleureusement pour cette belle trouvaille.

« Assurément, la sexualité joue dans la vie un rôle considérable. On peut dire qu'elle la pénètre tout entière. »

Le Deuxième Sexe,
Simone de Beauvoir

Introduction

(Permettons-nous l'expression)

L'orgasme est en révolution.

D'ailleurs, il n'existe pas un mais des orgasmes. Multiples, tortueux, impensables, inavouables, magiques, mirifiques… les orgasmes rythment nos vies, comme les points de suspension rythment nos phrases. Ils sont des récits. Récits du corps, récits de l'âme, récits de soi et d'autrui. Récits de retenue et de lâcher-prise, aussi. Paradoxe même d'une tension qui mène à l'exultation : les orgasmes fédèrent les êtres autant qu'ils les dissocient. Instants de perte et de retrouvaille, ils transcendent l'humain jusqu'au vertige : physique, psychique, extatique, cosmique parfois. L'orgasme pousse à s'extraire de soi pour mieux revenir à soi ; mouvement pendulaire basculant du réel au surréel par l'entremise d'un corps en extase, prêt au grand jaillissement qui mène à l'explosion, avant l'abandon. Petite mort exquise, si proche de la déréliction… Tantôt interne, tantôt externe, l'orgasme se laisse apprivoiser sous toutes ses formes, pour peu que l'on soit aventureux, inventif et curieux. Tenace aussi. La persévérance fait partie de ses préférences.

Sujet aux débats et aux controverses dans l'histoire de la sexualité, l'orgasme attise et cultive inlassablement ses énigmes. Après l'avènement des recherches en sciences humaines au XIXe siècle, les neurosciences plongèrent le XXe et le XXIe siècles dans une quête de compréhension psychocorporelle de la jouissance humaine. Depuis le siècle dernier, la sexualité s'étudie, se mesure, s'évalue. De Freud aux statistiques d'Alfred Kinsey, des travaux des sexologues William Masters et Virginia Johnson à la notion de « fonction de l'orgasme » du psychanalyste Wilhelm Reich, de l'éros de Herbert Marcuse aux multiples enquêtes contemporaines, il reste malgré tout des questions en suspens. Pour preuve, les récentes mises au jour de l'anatomie du clitoris en 3D ont changé la donne des représentations du plaisir féminin. De même, de nouvelles pratiques encouragent à repenser totalement le plaisir masculin.

Du côté des sciences, il est désormais établi que l'orgasme correspond à un processus neuro-physio-psychologique complexe marquant le paroxysme de la réponse sexuelle. Lié à un plaisir comportant des similitudes entre les deux sexes, l'orgasme se caractérise par des contractions rythmiques des muscles pelvipérinéaux accompagnée d'une activation du système nerveux et d'une tension musculaire généralisée. Et pourtant, malgré les avancées scientifiques relatives à la définition et à la compréhension globale de la réponse sexuelle, la question de l'orgasme convoque encore bien des imaginaires et des interrogations. Pour dire les choses simplement : le mystère de l'orgasme demeure. Mystère que la littérature tente régulièrement de sonder par-delà l'expertise scientifique, à en croire les scènes culturelles et les musées qui, en la matière, ont encore de nombreuses choses à (dé)montrer. Il faut dire que le thème de l'orgasme se prête merveilleusement à l'étude. D'une part parce qu'il relève de l'universalité, d'autre part parce qu'il se vit dans l'intimité. Universel et particulier, deux notions majeures en sciences « dures » et sciences humaines où les approches systémiques côtoient les questions d'identité. Par ailleurs, l'orgasme est à l'humain ce qu'est l'extase au divin. Il aboutit à un transport. C'est le grand chavirement. L'orgasme figure et défigure les êtres. Il les déplace.

En tant qu'« archéologie » de l'orgasme[1], ce livre souhaite questionner les pratiques discursives et représentatives du plaisir au prisme d'une société bien définie, la nôtre. C'est-à-dire la France issue d'une culture occidentale principalement judéo-chrétienne. Le propos ne sera donc pas de comparer les différentes cultures ou religions mais de partir de l'Europe et de l'éros dans notre civilisation. De même, cet ouvrage se cantonnera à l'expérience humaine, laissant le soin de l'étude de la sexualité animale aux zoologistes ou entomologistes. Comme une invitation au voyage intérieur, je souhaite convier les lecteurs à une (re)découverte de Soi, de l'Autre et de la sexualité à travers ses différents modes de jouissances, sans tabou, ni préjugés. Notons que le monde cyber et la

1. Selon la définition du terme établie par Michel Foucault dans son *Archéologie du savoir*, où la recherche dépend d'un contexte prédéfini et explicité dès le départ.

« dégénitalisation » (j'y reviendrai) auront bien des choses à nous révéler.

Connu de tous mais vécu par si peu (à en croire les témoignages et les sondages), l'orgasme peut aussi prendre les traits de l'arlésienne : souvent désirée, rarement rencontrée. La glose permet de combler l'écart. Ce grand écart des sexes, des genres, du « fossé orgasmique » qui apparaît dans le récit des hommes et des femmes qui osent parler de leur intimité. Car face à l'orgasme, les sexes ne sont pas tous logés à la même enseigne. La littérature regorge d'exemples sur le sujet. Depuis les études d'Alfred Kinsey, dans les années 1950, jusqu'à nos jours, toutes les enquêtes démontrent que seulement 30 à 35 % des femmes déclarent connaître l'orgasme dit « vaginal ». Et en ce début de XXIe siècle qui dénonce le patriarcat et vient déconstruire stéréotypes de genre via le mouvement #MeToo, sommes-nous encore sûrs de vouloir adhérer à certaines croyances sur l'orgasme, alors que depuis plusieurs décennies il est devenu synonyme d'injonctions, frustrations et addictions... ? *Je jouis donc je suis*, proclame la société à tour de bras. Quitte à créer de la culpabilité, des complexes ou des angoisses de performance jusqu'à l'asphyxie progressive du plaisir...

Depuis les découvertes par échographie médicale en 2009 des Drs Odile Buisson et Pierre Foldès, il est établi – n'en déplaise à Freud – que la distinction clivante entre « orgasme clitoridien » et « orgasme vaginal » n'a plus lieu d'être. Quant à la sexualité de l'homme, qui serait « mécanique » et exclusivement pénienne, des recherches innovantes sont également en cours. C'est un fait, les témoignages en cabinet de consultation et les recherches scientifiques actuelles détricotent les discours inculqués depuis des siècles. C'est pourquoi il est temps de déclarer que nous vivons une période de révolutions. Les vieux modèles qui font de la résistance sont là pour le prouver. Il y a toujours des levées de boucliers face au changement et aux avancées... Mais depuis les récentes découvertes scientifiques et la pandémie de Covid-19, de nouveaux schémas sexuels semblent vouloir s'imposer. D'un point de vue biologique et neurobiologique, c'est patent. D'un point de vue symbolique, c'est latent.

L'enjeu de cet ouvrage se niche au cœur d'une démarche heuristique qui nous concerne tous, quelles que soient nos distinctions de sexe, de genre, de classe sociale. Il vise, selon le mot de Valère Novarina, à « dire ce qui ne se dit pas » – ou si peu. À rappeler et questionner l'histoire de la sexualité avec ses croyances, pour faire du réel de nos vies une grille de lecture actualisée quant à nos agirs sexuels, notre rapport au monde et à l'altérité. Prospection analytique et littéraire des arcanes du plaisir, il s'appuie sur l'actualité sanitaire de ces dernières années avec ses enjeux de spécularité (cybersexualité) et d'*extimité* pour rendre compte de cette intimité qui désormais « sexe-pose »... Il se construit comme une architecture qui souhaite élargir la pensée sur les différentes modalités masculines et féminines du *jouir* contemporain. Pour ce faire, il convoquera différents champs d'étude, de la neurobiologie et des sciences sexologiques en passant par la psychanalyse et la sociologie jusqu'aux confins des représentations modernes de la jouissance dans les arts, les lettres et les nouvelles technologies.

Les orgasmes du futur (soutenus par la propension actuelle à vivre l'orgasme en dehors de toute génitalité : tantrisme, orgasmes de la peau, expériences du *subspace*, avatars et cybersexe) représentent un champ d'étude novateur qui vient questionner les limites de la conceptualisation clinique et culturelle contemporaine. Vous l'aurez compris, cet ouvrage s'inscrit dans une approche résolument pluridisciplinaire alliant la science à la culture au nom de l'étude d'une « universexualité » ou, si vous préférez, d'un plaisir qui nous concerne tous et dont les modalités n'ont pas fini de se métamorphoser.

L'orgasme est un récit de vie autant qu'un récit de *la* vie.

C'est un hymne. Hymne à la joie, à l'amour, au plaisir.

Le chant de notre intimité.

Le chant de nos plus grandes libertés.

Phase 1

L'excitation

LES RÉVOLUTIONS D'AUJOURD'HUI

Chapitre 1

La révolution de l'orgasme féminin : osez ce clitoris que l'on ne saurait voir !

Voir ou ne pas voir, telle fut la question

2009 : coup de tonnerre dans l'histoire du plaisir féminin. Deux médecins, Odile Buisson et Pierre Foldès, décident d'associer leurs compétences pour étudier la question de la physiologie de l'orgasme des femmes. Au vu de l'accueil général, force est de constater que le thème n'était pas en odeur de sainteté. Mais l'eût-il été un jour dans notre société ? Jusqu'alors l'anatomie féminine relevait autant du fantasme collectif que d'une réalité médicale clivée, amputée d'une partie essentielle et nécessaire à la compréhension de son fonctionnement. Contrairement à ce que je nommerai dans ce livre l'*orgasme global*[1] qui fait du corps une zone érogène totale, la notion d'*orgasme dual* féminin va diviser le plaisir en deux pendant des siècles : plaisir vaginal versus plaisir clitoridien. D'une part, la cavité interne (le vagin) et, d'autre part, la turgescence externe (le clitoris). Deux zones connues du spéculum des soignants et de l'œil

1. On trouvera une définition précise de ce terme dans le chapitre « De l'orgasme dual et monofocal à l'orgasme global ».

des amants, mais si peu reliées entre elles. Pour ne pas dire totalement dissociées ! Au fil de l'histoire, les zones franches du plaisir féminin ont donc été construites selon une double vision – voire distorsion – entre ce qui se voit et ce qui ne se voit pas, poussant les scientifiques à aller explorer du côté de la béance inconnue et procréatrice (le vagin), plutôt que de la protubérance exquise mais si sulfureusement « inutile » (le clitoris). Pourquoi inutile ? La première réponse se trouve dans la fonction même de l'organe dédié exclusivement au plaisir. Du grec *kleitoris* (« petite colline » ou « petit caillou ») ou encore *kleidos* (fermoir), le clitoris est le seul organe à n'avoir d'autre fonction que celle de l'excitation menant à la jouissance. Dans une société patriarcale, il est peu étonnant que la question du plaisir féminin – en dehors de toute fonction procréatrice – n'ait guère suscité l'intérêt des médecins et des chercheurs majoritairement masculins.

L'invisibilité du clitoris jusqu'au XXIe siècle relève d'un état de fait dans les manuels médicaux, scientifiques, psychanalytiques autant que dans l'approche ethno-culturelle fondée sur ce que l'anthropologue Françoise Héritier nommait « la valence différentielle des sexes[1] ». Cette valence s'inscrit au fondement même de la compréhension des mécanismes de la domination masculine. Mais nous y reviendrons. Car dans cet espace d'effacement historique, scientifique et symbolique d'une partie de l'anatomie féminine, c'est toute l'histoire des femmes et de leur rapport

1. F. Héritier, *Masculin-Féminin*, t. I., *La Pensée de la différence*, Odile Jacob, 1996 ; *ead.*, *Masculin-Féminin*, t. II., *Dissoudre la hiérarchie*, Odile Jacob, 2002.

au monde qui se trouve amputée, voire annihilée. À ce propos, le photomontage de la toile de Magritte *Je ne vois pas la femme cachée dans la forêt* (créé en 1929 pour le dernier numéro de *La Révolution surréaliste*), symbolise ô combien la position des femmes dans l'histoire du monde moderne : cette femme sur laquelle l'homme porte un regard aveugle ne peut qu'évoluer hors du champ visuel de ce dernier[1]. Il en va de même pour le clitoris : cet obscur objet du plaisir, si visible et pourtant si dénié, ignoré jusqu'à en être excisé, relève d'un ancestral rapport de force et de pouvoir du masculin sur le féminin. Le clitoris est un point plus que sensible et le constat s'avère cinglant : deux cents millions de femmes dans le monde sont excisées. Sur cette Terre, toutes les minutes, six jeunes filles sont mutilées. 10 à 15 % de ces jeunes décèdent des suites de ces mutilations (hémorragies, infections), y compris en France. Oui, en France ; plus de soixante mille femmes ont été excisées dans notre pays en 2017. Sans compter qu'avec la fermeture des écoles – premier lieu de prévention et d'éducation –, la pandémie de Covid-19 a contribué à un rebond des mutilations génitales partout dans le monde. La Fédération nationale Gams[2] a évoqué avec inquiétude une hausse de 1,4 million d'excisions rien que durant l'année 2020. Pour le Dr Pierre Foldès, connu comme le « réparateur des femmes mutilées », la prévention doit être au cœur de la politique de lutte contre les

1. M. Croset-Calisto, *La Femme surréaliste de la métaphore à la métonymie*, L'Harmattan, coll. « Espaces littéraires », Paris, 2013.
2. La Fédération nationale Gams est engagée dans la lutte contre toutes les formes de violences faites aux femmes et aux filles.

mutilations sexuelles faites aux femmes. Dans sa postface au livre d'Odile Buisson, il pointe également du doigt la responsabilité de toute une société du silence et de l'indifférence face aux mutilations génitales en général, celle du clitoris (clitoridectomie) en particulier. Le tabou est criant : « En Occident, écrit-il, nous avons excisé mentalement le clitoris[1]. »

Si la France lutte d'un point de vue politique contre ces mutilations, il lui reste du chemin à faire pour promouvoir le clitoris comme un organe digne d'être considéré, réhabilité, reconnu et donc nommé[2]. Depuis quelques années cependant, il semblerait que les choses soient en train de bouger, notamment grâce à des collectifs, des actions militantes, aux réseaux sociaux et à la création de podcasts ciblés (campagne « Osez le clito », collectif Gang du clito, compte Instagram « T'as joui ? », les podcasts de Victoire Tuaillon, la série de *Culottées*, les formations de Nous Toutes, les actions de la Fondation des femmes, etc.). Ces actions d'une part dénoncent les agressions faites aux femmes, et d'autre part brossent un portrait plus juste de l'anatomie féminine notamment par la visualisation médicale de cette dernière, y compris lors des rapports sexuels. Le procédé scientifique demeure relativement simple, et pourtant il s'avère révolutionnaire. Ainsi, munie

---

1. O. Buisson, *Qui a peur du point G ? Le plaisir féminin, une hantise masculine*, postface du Dr Pierre Foldès, Jean-Claude Gawsewitch Éditeur, 2011.

2. L'absence même jusqu'en 2019 de sa présence dans les manuels d'anatomie sexuelle – et la levée de boucliers que cet « ajout » a suscitée – prouve à quel point le sujet est encore « sensible ».

de ses appareils à résonance magnétique, le Dr Buisson réalisa toute une série d'échographies en 3D de clitoris de femmes qui firent grand bruit. Ces échographies permirent de comprendre les variations et les mouvements du clitoris en situation de turgescence (excitation). Ce fut une première mondiale.

Des images et des femmes

Si l'année 69 était érotique, l'année 2009 fut donc échographique. Je dirais même plus : clitographique ! C'est la première fois qu'une telle expérience était tentée dans le monde, auprès de femmes et de couples volontaires. Quelque temps auparavant, en 1998, l'Australienne Helen O'Connell avait démontré les liens existant entre l'urètre et le clitoris, au moyen de photos issues de la dissection d'une dizaine de cadavres. Mais la fixité des photos ne pouvait rendre compte cependant de la dynamique spatio-temporelle de l'imagerie clitoridienne. Soit ! L'Australienne récidivait donc en 2005, en offrant à la science les premières imageries à résonance magnétique (IRM) du clitoris. Les premières coupes échographiques allaient suivre entre 2008 et 2009, grâce à nos deux « *French Doctors* » précités. Forts de leurs connaissances sur les femmes et les couples, ils décidèrent d'aller encore plus loin. Leurs travaux et analyses furent publiés en avril 2009 dans *The Journal of Sexual Medicine*. Ces derniers furent accueillis fraîchement (et c'est peu dire) ; non seulement par la sphère publique, mais également par la communauté médicale, qui décida de maintenir ses postures conservatrices et sa budgétisation à destination de causes scientifiques plus « utiles ». Toutefois malgré ces résistances ambiantes, les représentations du sexe féminin ont évolué depuis les années 2000, et ce grâce aux travaux de médecins novateurs.

À la suite de ces premiers résultats, la chercheuse Odile Fillod est la première à proposer dans la foulée une modélisation du clitoris en 3D. Nouveau coup de tonnerre en France. Ses impressions tridimensionnelles permettent la création de clitoris à des fins scientifiques et pédagogiques. Depuis, plusieurs sites en ligne comme Clit'info (le sien) ou Gang du clito proposent des modélisations réplicables du clitoris. En 2019, l'organe intègre les planches anatomiques de plusieurs manuels scolaires[1].

Chez nos amis suisses, le pôle Sciences, sexes, identités de l'Université de Genève consacre une partie de ses recherches à la vulgarisation des savoirs auprès des publics jeune et moins jeune. De nombreuses brochures à des fins pédagogiques mais aussi d'information et de « santé sexuelle » sont régulièrement produites. La vulgarisation scientifique du clitoris, de son histoire et de ses fonctions orgasmiques intègre sans contestation – ni débat particulier – les programmes de recherche universitaire. Des budgets sont alloués à ces recherches par l'État fédéral dans une approche holistique, historique et scientifique de la sexualité : si une connaissance populaire du clitoris, principalement détenue par les femmes, existe depuis toujours, la médecine savante n'a eu de cesse de

1. Voir en annexes, p. 291.

découvrir et re-découvrir le clitoris, mais aussi de le rendre invisible.

Au milieu du XIXe siècle, les descriptions particulièrement détaillées de l'anatomiste allemand Georg Ludwig Kobelt réaffirment la place du clitoris comme un organe à part entière. Il prétend que le vagin ne joue aucun rôle dans « le sentiment voluptueux chez la femme », un rôle exclusivement attribué au clitoris. Déchu de son rôle dans la reproduction et mis à l'écart, avec l'ensemble des organes féminins, par une vision de la fécondation centrée sur le rôle « héroïque » des spermatozoïdes, le clitoris est marginalisé jusqu'au milieu du XXe siècle[1].

En résumé, l'existence du clitoris a été pressentie dans l'Antiquité puis illustré aux XVIe et XIXe siècles[2] sans jamais être reconnu comme organe associé au plaisir. Il aura fallu attendre plus de deux millénaires pour que cet organe entre dans l'histoire de l'anatomie auprès du grand public et des sciences. Mais malgré cela, la soutenance de thèse en 2021 de Marie Chevalley, ancienne interne de faculté de médecine, vient rappeler que 87,4 % des internes, médecins généralistes et même des gynécologues ont actuellement une connaissance

1. Pôle « Sciences, sexes, identités » de l'Université de Genève. Outil pédagogique « C'est parti mon Cli-Cli », www.unige.ch/ssi/ressources/outils-pedagogiques/posters-cest-parti-mon-cli-cli/ (unige.ch).

2. En 1844, l'anatomiste allemand Goerg Ludwig Kobelt en fait mention à la suite de ses dissections sur des cadavres (voir *De l'appareil du sens génital des deux sexes dans l'espèce humaine et dans quelques mammifères*, Hachette livre, 2016). Il est le tout premier à démontrer le rôle du clitoris dans l'orgasme féminin.

incomplète ou non actualisée des principes anatomiques du clitoris[1]. Sur plus de 1 168 médecins interrogés en 2021, 68,8 % reconnaissent qu'ils ignorent certains éléments, notamment la taille réelle du clitoris qui s'avère sous-estimée par l'ensemble des répondants. Lorsqu'elle est allée à la rencontre de ses collègues en exposant son sujet de thèse, la chercheuse a essuyé à plusieurs reprises le regard goguenard ou tout simplement l'incrédulité de certains : « Est-ce que votre sujet est une blague ? »

Eh oui, cela se passe bien en France, en 2021. L'auteure de la thèse regrette le manque de formations universitaires et de sources scientifiques fiables sur le sujet. Pour la jeune médecin, les lacunes de l'enseignement relèvent d'un « certain sexisme encore prépondérant dans les études médicales ». Les cours sont encore « essentiellement tournés vers la reproduction ». Elle désigne également ce que les sexologues connaissent bien avec la rareté des formations en santé sexuelle, notamment féminine.

Tout, vous saurez tout sur le clitoris

Grâce aux travaux de quelques chercheurs aussi courageux qu'audacieux, le clitoris a finalement pu être *envisagé* malgré tout depuis une dizaine d'années. Il est lancé à la face d'un monde qui ne savait jusqu'alors que

1. M. Chevalley, *État des lieux des connaissances de l'anatomie et de la physiopathologie du clitoris chez les médecins en France*, université de Strasbourg, soutenance de thèse, 2021.

dire ni que faire de ce petit organe voluptueux. Peu à peu, quelques scientifiques osèrent dresser un tableau exhaustif de cette « petite colline » exclusivement consacrée au plaisir. Il est possible de résumer sa forme en quelques mots : une tête (le gland ou capuchon), un coude, un tronc, une fourche, deux jambes et deux bulbes (voir annexe page 291).

Pour rendre grâce à cet organe si oublié des manuels pendant des siècles, il existe des descriptifs plus poussés encore. Car de quoi est fait le clitoris ? Où se situe-t-il précisément ? Comment est-il innervé ? Quelle est son origine ? A-t-il des similitudes avec le pénis, et si oui lesquelles ? Certains sites comme celui d'Odile Fillod, Clit'info, nous apportent quelques connaissances précises sur les piliers, le corps, le gland, les bulbes ou encore la *pars intermedia* du clitoris. Avec ces précisions morphologiques, autant dire que durant des siècles l'anatomie féminine fut passée sous silence en Occident. Dans son ouvrage *La Révolution du plaisir féminin*, Élisa Brune insistait également sur la fonction du clitoris, « endroit le plus sensible de toute la nature humaine[1] », en en précisant déjà la description :

> Le clitoris fait dix à douze centimètres, avec sa double arche, ses piliers, et ses bulbes, toutes structures érectiles qui gonflent de 30 % durant l'excitation. Pour Pierre Foldès, comme pour Odile Buisson, le point G correspond à la fourche du clitoris, qui enjambe le vagin, ainsi qu'on le voit à l'échographie [...] Cette explication a le mérite

1. É. Brune, *La Révolution du plaisir féminin*, Odile Jacob, 2012.

> d'unifier toute la sexualité de la femme au sein d'un même organe.
>
> Les femmes vaginales sont en fait clitoridiennes mais par un accès différent [...] En fonction de l'histoire personnelle de chacune, la sensibilité sera orientée davantage vers l'extérieur, ou bien vers l'intérieur, ou les deux. Tout cela peut se mettre en place selon des apprentissages fort différents[1].

La formule « unifier toute la sexualité de la femme au sein d'un même organe », utilisée par Élisa Brune, démontre à quel point la science et les représentations du sexe féminin sont en train d'avancer depuis une dizaine d'années. Il faut dire que les théories psychanalytiques, notamment celle de Freud – pionnier des théorisations sur la sexualité –, ont contribué à l'ancrage de certaines idées devenues obsolètes de nos jours. Si l'apport du médecin viennois dans l'intellection de la libido et du comportement sexuel humain demeure incontestable, une actualisation mérite évidemment d'être faite de nos jours. Cela pousse la psychanalyse sinon à se réformer du moins à réactualiser son discours, ce qui n'est pas forcément simple pour les analystes qui ont construit leur échafaudage conceptuel sur des bases de plus en plus décriées dans notre société contemporaine. Le but de notre propos n'est pas de jeter l'anathème sur la psychanalyse qui, sans conteste, contribua à élaborer les premières théories sur la sexualité, mais bien de démontrer que ces premiers paradigmes, grâce aux progrès de la science et de la connaissance, sont en train de changer. Comme

---

1. *Ibid.*, p. 30.

le suggère Catherine Malabou dans son livre *Le Plaisir effacé. Clitoris et pensée*[1], il est possible de considérer le clitoris sous un nouveau jour : et si ce dernier représentait le réel du plaisir féminin tout en annonçant la nouvelle symbolique phallique de notre société ? Pour ma part, j'ose espérer que les nouvelles données à disposition nous permettront de sortir de l'ornière freudienne qui consistait à dire que la satisfaction clitoridienne de la femme relevait de l'immaturité, là où en revanche, la satisfaction vaginale marquait le passage à la maturité sexuelle féminine. Il est à parier que le psychanalyste lui-même – avec le souci de vérité qui le caractérisait – serait revenu sur ses propos aujourd'hui afin de redéfinir ses théories. Car qui dit « plaisir vaginal » signifie surtout « plaisir pénétratif ». Et malgré l'existence, désormais, de sex-toys vaginaux, cela signifie plus généralement que le plaisir dit « mature » correspond obligatoirement à la pénétration du pénis de l'homme (et du mari tant qu'à faire), ce qui réduit le spectre à une relation hétérosexuelle focalisée sur l'intromission du sexe masculin, en tant que moyen et fin du plaisir féminin.

À l'évidence et depuis quelques années, la recherche scientifique est en train de faire un pas en avant. Voilà pourquoi il semble important aujourd'hui de déconstruire les schémas obsolètes des fonctionnements de l'orgasme, notamment féminin, tels qu'ils ont été vécus et considérés jusqu'alors par la doxa.

1. C. Malabou, *Le Plaisir effacé. Clitoris et pensée*, Rivages, 2020.

L'orgasme dans tous ses états

« La femme a des sexes un peu partout.
Elle jouit d'un peu partout[1]. »

Luce Irigaray

L'orgasme est à réinventer. Pour ce faire, il semble essentiel de pouvoir le redéfinir, de l'extirper de ses conceptualisations courantes au profit d'une nouvelle vision de son fonctionnement et de ses potentialités. À l'origine, l'orgasme fut pensé comme « dual » chez les femmes, « monofocal » chez les hommes alors que pour tout individu, quel que soit son sexe, l'orgasme se révèle en fin de compte « global ». Je m'explique.

Ce que je nomme « orgasme dual » est l'orgasme féminin « classique », tel qu'imaginé et validé par la science des XIXe et XXe siècles. Il s'agit d'un orgasme clivé entre le clitoris (caché, honteux, dénié) d'une part et le vagin d'autre part. Deux zones et deux plaisirs, totalement dissociés durant des siècles. En effet, orgasme vaginal et orgasme clitoridien ont été dressés l'un contre l'autre par la société et les sciences, soucieuses d'asseoir jusque-là leur pouvoir de domination masculine par le biais de la pénétration. Les femmes qui ne pouvaient atteindre « l'orgasme vaginal », se retrouvaient alors taxées de « frigides », de « peine-à-jouir » et autres noms d'oiseaux qui permettaient à certains

1. L. Irigaray, *Ce sexe qui n'en est pas un*, Éditions de Minuit, 1977.

hommes de balayer d'un revers de manche leurs (in)aptitudes péniennes, pannes et autres dysfonctions sexuelles, en rejetant la faute sur leur partenaire plutôt que de se remettre eux-mêmes en question. C'est ce qu'avançait déjà le Dr Kinsey en 1948, lors de ses premières grandes recherches sur la sexualité des hommes :

> Si l'on considère les nombreuses femmes [...] dont l'état est si défavorable aux situations sexuelles qu'il leur faut dix à quinze minutes de la stimulation la plus attentive pour les amener à l'orgasme et si l'on considère le nombre assez important de femmes qui ne connaissent jamais l'orgasme au cours de leur vie, il faut, naturellement, que le mâle ait une compétence tout à fait exceptionnelle à prolonger l'activité sexuelle sans éjaculer pour pouvoir créer une harmonie avec sa partenaire[1].

Quant à Simone de Beauvoir, dont *Le Deuxième Sexe* reste de nos jours une œuvre majeure dans la compréhension de la sexualité des femmes, elle n'y allait pas par quatre chemins non plus en déclarant que « la femme subit le coït qui l'aliène à elle-même par la pénétration et la fécondation interne ; bien qu'elle éprouve le besoin sexuel comme un besoin individuel[2] ».

Dans la même veine, les différentes enquêtes menées par le psychiatre et sexologue Philippe Brenot, notamment dans son ouvrage *Les Femmes, le sexe et l'amour*[3],

---

1. A. Kinsey, *Sexual Behavior in the Human Male*, W.B. Saunders Company, 1948.
2. S. de Beauvoir, *Le Deuxième Sexe*, t. I, Gallimard, 1949, p. 60.
3. P. Brenot, *Les Femmes, le sexe et l'amour*, Les Arènes, 2012.

révèlent que si 74 % des hommes affirment avoir eu un orgasme lors du premier rapport, seulement 6 % des femmes peuvent en dire autant. Il est toujours possible de mettre cela sur le compte de la gêne, de l'inexpérience, de la douleur ou tout autre facteur contextuel qu'une première fois peut générer. Mais les rapports sexuels qui s'ensuivent confirment la tendance ! Les inégalités de genre existent dans l'accès à l'orgasme : 90 % des hommes déclarent obtenir un orgasme à chaque rapport, contre seulement 16 % des femmes. Vous conviendrez que l'écart est, là encore, des plus criants…

De même, dans une récente étude menée sur plus de cinquante mille couples au Canada, publiée dans *Le Journal officiel de l'Académie internationale de recherche sur la sexualité*, les résultats s'avèrent également sans appel[1]. À la question : « Avez-vous eu un orgasme lors des derniers rapports sexuels ? » 95 % des hommes répondent oui, contre 65 % des femmes. En revanche, si l'on pose la même question à des couples de femmes homosexuelles, 85 % d'entre elles déclarent avoir joui lors de leurs derniers ébats. Cette disparité se nomme le « fossé orgasmique ». Ce « fossé » tend à être de plus en plus médiatisé dans notre société depuis le livre *Becoming Cliterate: Why Orgasm Equality Matters – And How To Get It*[2], du Dr Laurie Mintz, qui développe ce concept d'*orgasm gap* entre les hommes et les femmes. Elle démontre que

---

1. D. Frederick *et al.*, « Inégalités dans l'accès à l'orgasme », *Archives of Sexual Behavior*, 2018.

2. L. Mintz, *Becoming Cliterate: Why Orgasm Equality Matters – And How to Get It*, HarperOne Editions, 2018.

quel que soit le pays sondé, toutes les études indiquent que les femmes hétérosexuelles connaissent bien moins d'orgasmes dans leur vie que leurs compagnons. Un véritable paradoxe puisque les femmes possèdent des capacités multi-orgasmiques bien plus connues que celles de ces derniers ! Cet état de fait s'explique de différentes manières : la charge mentale, le manque de stimulation et d'excitation des femmes lors des rapports (rappelons que le rôle du partenaire pour réveiller le désir de sa compagne s'avère essentiel...), les fausses croyances, la méconnaissance de leur propre corps, l'absence d'entraînement à deux aux caresses clitoridiennes, les stéréotypes issus de l'industrie pornographique (notamment pour la « normalité » de la fellation et de la sodomie au détriment du reste), etc. Mais les us changent. Peu à peu des voix s'élèvent contre l'hégémonie « pénétro-centrée »[1] et cela n'est pas étonnant puisque la visibilité de la jouissance clitoridienne – à travers la stimulation externe du clitoris et de la vulve – devient un étendard des revendications féministes. Et pas que.

Toutefois, au vu de l'existence pérenne du fossé orgasmique, le « tout-vaginal » serait-il encore LA quête sexuelle des hommes ? Le Graal répondant à leurs désirs de sexe, de pouvoir, de domination et de renarcissisation ? Alors que si l'on en croit les sciences et les usages, le « tout-clitoridien » répondrait bien davantage aux attentes des femmes. Car il est bon de rappeler que toute femme découvre d'abord sa sexualité par le clitoris... Le « tout-vaginal » aurait-il donc été la seule grammaire sexuelle

1. M. Page, *Au-delà de la pénétration*, Le Nouvel Attila, 2019.

des femmes (imposée essentiellement par le système patriarcal) depuis des siècles ? La féministe italienne Carla Lonzi – peu traduite en France et remise sur le devant de la scène par la philosophe Catherine Malabou – allait même plus loin en affirmant que « la femme vaginale » n'est en définitive qu'une projection du schéma sexuel masculin, une fabrication de « la culture patriarcale qui a réussi à garder le clitoris caché et inutilisé[1] ». En opposition à cela, la « femme clitoridienne » deviendrait donc la « figure de la conscience féminine », soutenue par un « féminisme de la différence ». Il n'est pas facile de sortir des stéréotypes et des croyances inculqués de longue date. Cela passe par des doutes, des tables rases et des révolutions. À mon sens, les enjeux biologiques, psychologiques et symboliques associés à la reconnaissance du clitoris en font un vecteur essentiel de progrès vers la compréhension et l'épanouissement de la sexualité des femmes, et ce quelle que soit leur orientation sexuelle. Sortir de l'image de l'orgasme dual (clitoris/vagin) pour rejoindre l'orgasme global (tout le corps est érogène) permet de mieux appréhender les enjeux du plaisir féminin. Révolution géographique et sensuelle, le plaisir s'émancipe de ses périmètres restreints au profit de l'expansion des sens.

Concrètement, la mise en pratique de cette révolution se traduit par un passage non pas du « tout-vaginal » au « tout-clitoridien »[2], qui mènerait à l'idée que toutes les femmes sont uniquement clitoridiennes (ce qui est faux)

1. C. Malabou, *Le Plaisir effacé. Clitoris et pensée*, *op. cit.*, p. 68.
2. Qui au-delà de leurs spécificités physiologiques engageraient dans le même temps une lutte des sexes, si j'ose dire.

et que les hommes finalement sont tous des obsessionnels... « vaginaux » ! À considérer l'histoire androcentrée de la sexualité des femmes, il est possible aujourd'hui d'avancer l'idée que la construction de l'orgasme vaginal (provenant des hommes et essentielle pour eux) définit non pas le fonctionnement sexuel des femmes, mais plutôt le désir sexuel des hommes. Aussi, plutôt que de parler de femme vaginale, il serait plus juste d'évoquer « l'homme vaginal » ou même *vaginaliste*, hanté, obsédé voire angoissé parfois par ce « continent noir », cette « béance », ce « trou à combler » que le sexe féminin lui renvoie avec éclat et effroi, comme le soulignait Pascal Quignard dans *La Nuit sexuelle*[1]. Cela se retrouve dans de nombreux discours psychanalytiques et la littérature « savante » relative à la sexualité des femmes au XXe siècle, à l'instar de ces propos de Sartre dans *L'Être et le Néant* :

> Le trou se présente originellement comme un néant à combler avec ma propre chair en un « sacrifice de mon corps pour que la plénitude d'être existe. [...] Une bonne partie de notre vie se passe à boucher les trous, à remplir les vides, à réaliser et à fonder symboliquement le plein. [...] La tendance à remplir est l'une des tendances les plus fondamentales de la réalité humaine. C'est seulement à partir de là que nous pouvons passer à la sexualité : l'obscénité du sexe féminin est celle de toute chose béante : c'est un appel d'être comme d'ailleurs tous les trous ; en soi la femme appelle une chair étrangère qui doive la transformer en plénitude d'être par pénétration et dilution.

1. P. Quignard, *La Nuit sexuelle*, Flammarion, 2007.

Entendre ou relire pareil texte aujourd'hui peut sembler invraisemblable. Voici un autre exemple du système de domination masculine sur lequel a reposé (et repose encore) notre société à travers les champs disciplinaires qui la constituent (médecine notamment). Ce texte de Rudolph Loewenstein[1] intitulé *La Frigidité de la femme* (*sic*), datant de 1938, illustre comment le sexisme médical de l'époque a maintenu et favorisé l'idéologie patriarcale[2] :

> La frigidité est le pendant, chez la femme, de l'impuissance génitale chez l'homme. Comme celle-ci, elle est habituellement un trouble purement fonctionnel, mais infiniment moins bien connu, tant aux points de vue clinique, étiologique que thérapeutique.
>
> La femme dissimule très souvent ses troubles de la fonction sexuelle, non seulement à son mari, mais aussi au médecin. Et celui-ci, en présence de troubles nerveux de sa patiente, évite, par discrétion, de la questionner à ce sujet. Rappelons brièvement quelques notions de psycho-physiologie sexuelle normale de la femme, d'après les découvertes de la psychanalyse. Les organes génitaux de la femme présentent deux zones érogènes distinctes : a) le vagin, b) la vulve, et tout particulièrement le « clitoris ». Cette dernière zone est même normalement prédominante, tant que ne s'est pas établie la maturité sexuelle de la femme, maturité qui suit à plus ou moins brève échéance les premiers rapports sexuels normaux. La « valeur sexuelle du clitoris », dont les premières

1. À ne pas confondre avec William Lowenstein, médecin et addictologue de renom avec lequel j'ai l'honneur et le bonheur de travailler depuis plusieurs années.

2. Idéologie dénoncée et malmenée seulement depuis quelques années avec le mouvement #MeToo.

> manifestations remontent à l'enfance, ne disparaît pas lorsque s'établit l'érogénéité normale du vagin. Cependant, le clitoris ne joue, dès lors, habituellement un rôle que dans ce qu'on appelle le « plaisir préliminaire ». Le point culminant du plaisir sexuel, l'« orgasme », chez la « femme normale », est à point de départ « vaginal ». La femme normale semble d'ailleurs distinguer subjectivement l'orgasme clitoridien de l'orgasme vaginal, ce dernier étant décrit comme de beaucoup plus complet et plus apaisant[1]...

L'important désormais est que, nonobstant ce genre de récits – nombreux sous la plume des mandarins littéraires et scientifiques du XXe siècle –, la compréhension de l'orgasme féminin est en pleine révolution depuis les années 2000. Il se réinvente. Et ce grâce aux audacieux chercheurs (et surtout chercheuses) qui ont enfin permis d'établir le lien direct entre le vaginal et le clitoridien, par le biais des imageries médicales. On sait que l'orgasme dit vaginal n'est plus « vaginal », les mots deviennent impropres à la définition de la chose puisque l'orgasme vaginal est un orgasme clitoridien se situant au niveau des piliers et des bulbes du clitoris. Et l'orgasme dit « clitoridien » dans son acception commune, représente quant à lui la jouissance de la pointe de l'iceberg, si j'ose dire. C'est-à-dire la jouissance très localisée, perçue et provoquée à partir du gland du clitoris.

Tout orgasme génital est donc un orgasme clitoridien ! Vous me suivez ? Clitoridien, il l'est : externe par le gland, interne par les piliers/jambes et les bulbes. Ce qui signifie

---

1. R. Loewenstein, *La Frigidité de la femme*, doctrine psychanalytique, novembre 1938, p. 25-27.

que ce que j'ai nommé l'*orgasme dual* – qui correspond encore dans les mentalités au clivage *entre* orgasme vaginal et orgasme clitoridien – n'a plus lieu d'être. Pourquoi ? Parce que la représentation datée de ces deux zones clivées[1] laisse désormais la place à une *globalité*, une sphère intégrant différentes zones d'un tout, dédié au plaisir en général (que ce dernier soit externe ou interne). Bien sûr, pour réussir à appréhender au mieux toutes les nuances de ces deux zones – qui finalement ne représentent qu'un seul et même organe –, l'apprentissage sexuel, l'harmonie, le désir de découverte (seul ou à deux) présupposent d'être mis en place. C'est pourquoi le passage de l'*orgasme dual* – avec tout ce qu'il engendre comme fausses croyances et comme stéréotypes de genre, de sexe et de symbolique – à l'*orgasme global*, constitue LA révolution majeure de l'orgasme féminin en ce début de XXIe siècle.

Et quid des hommes ? Phénomène inattendu : c'est la même chose ! Mais selon un mouvement différent. Chez les hommes, il ne s'agit pas de déconstruire un orgasme *dual*, mais de sortir de l'ornière de ce que j'ai nommé l'*orgasme monofocal* (le focus est mis uniquement sur le sexe, le phallus, le pénis) au profit d'un *orgasme global* dont je vous exposerai les tenants et aboutissants au chapitre suivant. Plus discrète pour le moment (car moins avancée et conscientisée), la révolution de l'orgasme masculin sera assurément la seconde vague révolutionnaire

1. D'un côté l'immaturité clitoridienne et de l'autre la maturité vaginale, ou encore l'idée de plaisir (vaginal) que la société attend des femmes à partir du désir des hommes, etc.

qui viendra redéfinir la sexualité des couples et les fondamentaux (devenus obsolètes) de notre sexualité. Peu de grandes enquêtes sur la sexualité des individus sont menées dans le monde. En France nous avons la chance d'en avoir connu plusieurs[1]. Depuis la pandémie de 2020, bon nombre d'instituts de sondage se sont aussi penchés sur la sexualité des Français durant les périodes de confinements, déconfinement et télétravail. Parce que la sexualité se situe au carrefour du soma et de la psyché, elle représente un baromètre idéal de la santé physique et psychique d'une population. Au vu de toutes ces considérations, une question brûlante demeure cependant quant à l'historicité de l'orgasme : comment une telle méconnaissance de la physionomie féminine – donc des fonctionnements de la jouissance féminine mais aussi masculine – a-t-elle pu perdurer tant de temps dans notre société ? Comment se fait-il que la révolution de l'orgasme n'arrive qu'aujourd'hui, au XXIe siècle, alors que la science a fait de formidables progrès dans des domaines bien plus complexes depuis le XIXe siècle ? La réponse est à chercher du côté de la culture. Une certaine « formule de l'orgasme ».

1. Dont celle de Pierre Simon en 1970 (2 625 personnes interrogées), celle de l'ACSF (Analyse des comportements sexuels en France) en 1992 ou encore l'« Enquête sur la sexualité en France » menée par Nathalie Bajos et Michel Bozon en 2008.

Chapitre 2

La formule de l'orgasme

> « La formule de l'orgasme est la formule même du vivant le fil rouge à toutes nos recherches. »
>
> Wilhelm Reich

« Orgasme », « jouissance », « plaisir » sont des mots connus de tous. Très jeune, l'être humain déchiffre la volupté de ces vocables. Plus tard, les extases, acmé et climax font leur apparition dans les cinquante nuances de vie et de langage. Mais de qui et de quoi l'orgasme est-il vraiment le nom ? Que recoupe-t-il ? Quelle est sa véritable définition ? Si la question semble simple, la réponse s'avère bien plus complexe.

De quoi l'orgasme est-il le nom ? Les variations d'une définition

Une précision importante avant de poursuivre : jusqu'alors, j'ai utilisé indifféremment les termes « orgasme » et « jouissance » et vous trouverez encore volontairement cette alternance tout au long de ce livre. Pourquoi ? Parce que la jouissance inclut l'orgasme. En effet, l'orgasme représente la manifestation biologique, physiologique, neurologique de la jouissance. La jouissance comporte en elle une valeur ajoutée si j'ose dire. Car ce qui distingue un jouisseur des autres individus, c'est qu'il éprouve du plaisir à éprouver du plaisir. Son plaisir s'en trouve redoublé. En d'autres termes, il jouit de sa jouissance. Voilà pourquoi Camus notamment a pu écrire dans *Noces* (1939) : « Il faut une rare vocation pour être un jouisseur. » Pour ma part, j'ai décidé sciemment d'utiliser et d'interchanger régulièrement les vocables « orgasme » et « jouissance ». Pour, d'une part, éviter trop de répétitions « orgasmiques » et parce que, d'autre part, la jouissance inclut – comme je le disais – l'idée et l'expérience même de l'orgasme.

À vrai dire d'un point de vue étymologique, les définitions de l'orgasme sont aussi nombreuses que les variations d'une gamme chromatique. Le mot « orgasme » provient du grec ancien *orgasmos*, dérivant de *orgàô* qui signifiait « être enflé d'humidité », ou encore « être empli de désir amoureux ». Mais les sources humides ne font pas consensus auprès des philologues et suscitent encore de multiples discussions. Au départ : les émotions. La première trace du mot « orgasme » date de 1611. Il est associé à la colère, au tempérament, à la passion. L'heure est à la bile noire et à la théorie des « humeurs ». Les influences de Dürer et autres artistes des XVIe et XVIIe siècles ne sont guère loin. En 1623, le Dr Jacques Ferrand, dans son ouvrage *De la maladie de l'amour*, associe l'orgasme au « degré le plus haut d'une excitation physiologique[1] ». Cette formule donne le point de départ. Un siècle et demi plus tard, Raphaël Bienvenu Sabatier, dans son *Traité complet d'anatomie*, confirme la chose en le désignant comme « le point le plus haut de l'excitation sexuelle[2] », considérant cet événement comme la jonction entre la décharge émotionnelle et le plaisir sexuel. Par ailleurs, des confusions dues essentiellement à l'accointance phonétique avec les mots « organe » ou « orgie », font régulièrement surface. L'étymologie grecque *érgon* (« action », « travail ») crée aussi le doute. Mais in fine, la balance penche du côté des passions et de l'*orgasmos*. Le plus sûr encore est de s'en référer au *Trésor de la langue française*[3], qui associe dans le même mot physiologie et psychologie :

> Orgasme \ɔʁ.gasm\ *masculin* :
> 1. État de gonflement et d'excitation des organes.
> 2. Point culminant du plaisir sexuel.

Au fil des siècles, la définition de l'orgasme prend essentiellement deux voies : poétique et scientifique. Les définitions de l'orgasme fluctuent au rythme des différentes versions littéraires, esthétiques, scientifiques ou sexologiques qui apparaissent. Peu à peu, les expériences orgasmiques s'analysent et les discours se construisent. Mais force est de constater qu'aucune définition scientifique et sexologique ne fait pour l'heure consensus. Essayez de trouver une définition officielle de l'orgasme

1. J. Ferrand, *De la maladie de l'amour*, 1623, p. 110.
2. R.-B. Sabatier, *Traité complet d'anatomie*, 1777, t. III, p. 69.
3. www.lalanguefrancaise.com/dictionnaire/definition/orgasme.

sur Internet et vous serez bien embêté. Il faut souvent en passer par des chemins de traverse (addictions, dysfonctions) pour trouver une description claire et précise de ce qui constitue la décharge de plaisir dans le corps et l'esprit. Alors avant d'aborder les différents penseurs qui ont forgé les discours et représentations de l'orgasme, essayons de clarifier en en proposant une définition actualisée.

Premièrement, et comme l'avait tout de suite pressenti Freud, l'orgasme est un phénomène paradoxal qui requiert à la fois détente et contraction : « Le système nerveux parasympathique commande l'essentiel de l'excitation sexuelle et induit un relâchement général (du tonus musculaire, de la vigilance, du rythme respiratoire) ainsi qu'une vasodilatation artérielle (dans les corps érectiles mais aussi sur la peau), ce qui veut bien dire que l'érection est liée à la détente et non à la tension[1]. »

Puis le contrôle parasympathique cède le pas au contrôle sympathique grâce à la stimulation locale (excitation des organes génitaux, des zones érogènes) et à l'accélération générale des fonctions du corps qui accompagnent l'orgasme. Les neurotransmetteurs se mettent alors en action et libèrent une série d'informations allant de l'excitation au bien-être, en passant par l'empathie, l'attachement et le désir de réitérer l'opération ultérieurement.

> La dopamine est le vecteur de cette explosion, et en ce sens on pourrait dire que l'orgasme est toujours le même : il tient dans cette explosion de dopamine autorisée par le

1. É. Brune, *Les Révolutions du plaisir féminin*, *op. cit.*, p. 51.

système émotionnel. Or le ressenti est très différent d'une fois à l'autre, mais le ressenti lui, appartient à la sphère cognitive. Contrairement au système émotionnel qui est étranger au langage et largement inconscient, le néocortex analyse la situation et l'interprète avec ses outils conscients, donnant toutes les nuances momentanées qui rendent chaque orgasme unique. Après cette explosion le médiateur de la relaxation est la sérotonine. Dopamine et sérotonine sont liées par une forme de compensation : après un pic de l'une, on verra augmenter l'autre (chez l'homme la montée de sérotonine monte en flèche après l'orgasme d'où le sommeil. Chez la femme non)[1].

En addictologie, notamment lorsqu'on étudie les spécificités de l'addiction sexuelle, il est possible grâce à la dépendance à la jouissance de comprendre comment fonctionnent le cerveau et le corps quand ils jouissent. Grand connaisseur de l'âme et des passions, Freud – sans toutefois connaître encore l'existence des neuro-transmetteurs – avait déjà pressenti qu'un « philtre d'amour » donnant à l'amoureux l'impression d'être envoûté, comme transcendé, était à l'origine des désirs, plaisirs et souffrances des individus. Les progrès de la science et les nombreuses études accordées aux addictions permettent désormais d'appréhender les mécanismes cérébraux en jeu lors de l'orgasme qui, comme tout plaisir, peut devenir addictif. Michel Reynaud – avec qui j'ai eu la chance de travailler – a écrit de nombreux livres et articles à ce propos. Dans *Passions et addictions*, le psychiatre et addictologue, disparu malheureusement

---

1. *Ibid.*

bien trop tôt, attirait l'attention sur la rapidité du glissement pouvant exister entre le lien hédoniste et le trouble addictif via un « cocktail explosif et jouissif d'hormones[1] ». Schématiquement, comme il le soulignait,

> [...] la testostérone correspond à la mise en route du désir sexuel, la lulibérine est l'hormone de l'acte sexuel, qui entraîne lors de l'orgasme la libération d'endorphine (les hormones de l'extase et du bien-être) et d'ocytocine. Chacune de ces hormones vient stimuler les voies dopaminergiques, renforçant ainsi le désir, le plaisir, sa mise en mémoire et l'envie de le répéter. Elles permettent l'installation de cet état psychologique si particulier qu'est l'état amoureux, sensation d'être envoûté, hypnotisé et focalisé sur *l'objet d'amour* (Freud).

La dopamine, en tant que molécule du plaisir, du désir et de la motivation, agit comme un « booster » en orientant les désirs selon un système de récompense. En effet, cet acide aminé transformé est libéré en « récompense » d'un acte de plaisir. La dopamine provoque alors une sensation de bien-être et réactive le désir menant à la recherche d'un nouveau plaisir. Une relation de cause à effet s'instaure. Plus une personne éprouve de désir, plus elle sécrète de dopamine et plus le plaisir est intense. Plus le plaisir est intense et plus l'envie d'en éprouver de nouveau les effets se fait sentir, ce qui entraîne l'enclenchement d'un nouveau désir, et ainsi de suite... Ce mécanisme,

1. M. Reynaud, texte français envoyé par l'auteur en 2014, article traduit et publié sous le titre « Is love passion an addictive disorder? », *The American Journal of Drug And Alcohol Abuse*, 2010.

bien connu des sportifs, a pu être observé et validé dans d'autres domaines tels que la sexualité donc, l'alimentation, le travail (workaholisme), les jeux en ligne, l'usage de drogues licites (alcool, tabac) et illicites.

Le circuit de récompense, alimenté par une sécrétion de dopamine, représente la clé du système de motivation humain. L'ocytocine, hormone de l'attachement sécrétée lors de l'orgasme, joue également un rôle important dans la modulation cérébrale du comportement lors d'un trouble addictif. Selon Michel Reynaud, l'ocytocine agit sur le cerveau pour « modifier des réponses adaptatives vitales, telles que le comportement maternel, l'éveil sexuel et l'orgasme, les interactions sociales, la confiance envers le partenaire, la mémoire sociale et la formation de couple monogame[1] ». L'ocytocine influe de fait sur l'intensification des relations affectives. Au même titre que la dopamine, elle est au centre d'une articulation en résonance, que Reynaud schématise par cette formule : « Plus on fait l'amour et plus on s'attache et plus on s'attache et plus on fait l'amour[2]. »

Au vu de ces éléments, il apparaît qu'en matière d'amour et de jouissance, les circuits de la mémoire, de l'apprentissage, de la motivation et de la récompense sont intimement liés. Dans son livre *Votre plaisir vous appartient*, le psychiatre Laurent Karila rappelle que pendant l'acte sexuel « tous ces neuromédiateurs naturels vont

---

1. *Ibid.*, p. 35.
2. M. Croset-Calisto, *L'Addiction sexuelle et ses représentations psycho-socio-culturelles*, Ovadia, 2014.

augmenter puis décroître rapidement. Une sensation de bien-être va naître, suivie d'un état de satiété. Une fois le plaisir disparu, notre cerveau retrouve son état initial. On parle d'homéostasie[1] ».

Quant aux précisions biologiques, l'orgasme se traduit par des contractions musculaires involontaires (entre trois et neuf selon les personnes et l'intensité de l'orgasme), et ce, à une fréquence moyenne de toutes les 0,8 seconde. Durant l'orgasme, le corps entier est chaviré. Il réagit et participe à la réaction physiologique sexuelle (appelée « réponse sexuelle » chez William Masters et Virginia Johnson) sous différentes formes telles que : les gémissements, la sudation, le rosissement des joues, du cou, des seins, l'accélération du rythme cardiaque, la hausse de la pression artérielle...

Aussi, il est désormais établi scientifiquement que l'orgasme correspond à un processus neuro-physio-psychologique marquant le paroxysme de la réponse sexuelle. Paroxysme que je vous propose de nommer « climax ».

Les enjeux scientifiques et culturels de l'orgasme

En 2014, j'essayais de comprendre les inégalités de diagnostic, de soin et de représentation entre l'addiction sexuelle des hommes et celle des femmes[2]. J'en arrivais à la conclusion que si les recherches et les enquêtes menées

1. L. Karila, *Votre plaisir vous appartient*, Flammarion, 2016.
2. M. Croset-Calisto, *L'Addiction sexuelle et ses représentations psycho-socio-culturelles*, *op. cit.*

depuis plusieurs années permettaient de faire état d'un ensemble de mutations profondes de la sexualité au fil du temps, il demeurait cependant que le champ de la sexualité, et celui des études dédiées à l'orgasme étaient toujours traversés par de fortes inégalités de traitement entre les sexes. Dans ces conditions, les études sur la sexualité dans ses évolutions mais aussi dans son maintien des représentations de genre exprimaient de manière métonymique (la partie pour le tout) les enjeux sociaux, psychologiques, politiques, culturels, etc. de toute société. À l'instar du traitement médico-socio-culturel relatif à la problématique de l'addiction sexuelle, les études sur l'orgasme – surtout l'orgasme féminin – connaissent des retards et des disparités criants. Comme si des invariants phénoménologiques venaient inscrire leurs modalités dans chaque étude féminine dédiée à la santé et à la sexualité.

Si incroyable que cela puisse paraître, les citations que vous allez lire ci-dessous ne datent ni du XIXe ni du XXe siècle, mais de 2011. Extraites de l'ouvrage d'Odile Buisson *Qui a peur du point G ?*, elles sont, dix ans plus tard, toujours d'actualité.

> « La médecine de la sexualité féminine est un champ quasiment vierge, c'est le seul territoire humain resté non exploré. »
>
> « L'Université française se développe encore dans une approche androcentrée[1]. »

---

1. O. Buisson, *Qui a peur du point G ? Le plaisir féminin, une angoisse masculine*, postface du Dr Pierre Foldès, *op. cit.*, p. 102.

« Les mécanismes de la sexualité des femmes sont encore peu connus et l'ensemble de l'Université française s'en détourne pour inconvenance. Ce tabou est bien français. D'autres pays européens comme l'Italie, l'Allemagne, l'Angleterre ou les Pays-Bas développent une recherche scientifique très active sur la question. »

« La fonction orgastique de la femme n'a tout simplement pas été étudiée [...] Pourquoi tant de recherches sur l'érection masculine, pourquoi tous ces médicaments mis en œuvre pour les hommes en difficulté alors que les femmes sont laissées pour compte[1] ? »

« Le plaisir de la femme fait peur aux hommes[2]. »

Parce que le clitoris est un organe uniquement dédié au plaisir, il semble perdre de son intérêt scientifique. Le plaisir, c'est accessoire. Surtout lorsqu'il est féminin, c'est-à-dire « clitoridien »... Le vagin par contre s'étudie au spéculum et sous toutes les coutures[3], dans la mesure où il est lié à la procréation. Mais force est de constater que jusqu'à la fin des années 2010, seuls les chercheurs – et, encore une fois, plus souvent les chercheuses – qui ont pris les devants de la santé sexuelle féminine ont fait bouger les choses. Nombreuses sont celles qui émettent d'ailleurs le constat qu'à l'heure où les hommes bénéficiaient de leurs premiers traitements pour éviter les dysfonctions érectiles et améliorer leur bien-être sexuel[4] la recherche en santé sexuelle émettait

1. *Ibid.*, préface d'I. Nisand, p. 7.
2. *Ibid.*, p. 9.
3. Y compris celles des épisiotomies qui posent parfois, souvent, douloureusement question.
4. Apparition du Viagra en 1998 !

seulement sa première image échographique de l'anatomie du clitoris ! D'un côté le traitement qui soigne une anatomie masculine (connue par cœur et dans ses moindres recoins depuis des décennies), de l'autre l'apparition des toutes premières images du sexe des femmes dans son intégralité :

> « Si le monsieur qui débande dispose bien de son comprimé bleu pour retrouver sa belle santé d'antan, on se borne à distribuer du lubrifiant et un peu de psychologie à celles qui n'arrivent plus à jouir. Comme si glisse et décontraction suffisaient pour orgasmer ! [...] Les hommes avaient déjà un traitement de leur dysfonction érectile tandis que nous découvrions à peine comment nous, les femmes, étions faites[1] ! »

> « 50 % des femmes de ce pays n'ont pas d'orgasme. Si c'était le cas des hommes, on déclarerait un état d'urgence national[2]. »

Alors qu'en Europe nos voisins se dotent d'équipes de recherche en médecine sexuelle féminine, l'Université française renâcle et se concentre sur la sexualité masculine. En raison du lien évident éjaculation-plaisir-reproduction, cela fait plus sérieux et rapporte davantage grâce aux largesses des laboratoires traitant les troubles de l'érection. Les grandes oubliées sont les femmes : « L'orgasme, c'est dans la tête que ça se passe ! », « il n'y a pas d'anorgasmie, il n'y a que de mauvais amants »[3].

1. O. Buisson, *Qui a peur du point G ? Le plaisir féminin, une angoisse masculine*, *op. cit.*
2. É. Brune, *Les Révolutions du plaisir féminin*, *op. cit.*, p. 14.
3. O. Buisson, *Qui a peur du point G ? Le plaisir féminin, une angoisse masculine*, *op. cit.*, p. 27.

Depuis une dizaine d'années, le sujet sort du silence, notamment grâce aux gynécologues, médecins, sexologues et chercheuses qui se soucient de la santé des femmes et de l'égalité des soins. Les langues se délient. Quelques hommes soutiennent et créent aussi une contre-culture scientifique : l'exemple de Pierre Foldès, mais aussi d'autres sexologues contemporains comme Philippe Brenot, avec son précieux blog du *Monde* « Liberté-Égalité-Sexualité », s'avère déterminant. Mais à l'instar du mouvement anti-patriarcal en cours et de la libération de la parole féminine initiés par #MeToo, de nombreuses résistances apparaissent et renvoient directement science et société dans les cordes d'un certain puritanisme conservateur que Simone de Beauvoir dénonçait déjà dans son *Deuxième Sexe*, en 1949. Prendre le temps de relire aujourd'hui les deux tomes de cette œuvre, c'est faire l'expérience d'une pertinence d'un regard critique et visionnaire sur la société. La sienne. La nôtre. Toujours, déjà :

> Un homme ne commence jamais par se poser comme un individu d'un certain sexe : qu'il soit homme, cela va de soi [...] « vous pensez telle chose parce que vous êtes femme » ; mais je savais que ma seule défense, c'était de répondre : « Je la pense parce qu'elle est vraie », éliminant par là même ma subjectivité. Elle est l'inessentiel face à l'essentiel. Il est le Sujet, il est l'Absolu : elle est l'Autre [...]
>
> Dans les sociétés les plus primitives, dans les mythologies les plus antiques on trouve toujours une dualité qui est celle du Même et de l'Autre ; la division des sexes, elle, ne dépend d'aucune donnée empirique [...] Le sujet ne se pose qu'en

s'opposant ; il prétend s'affirmer comme l'essentiel et constituer l'autre en inessentiel, en objet[1].

Voici deux formules encore, dont le tragique mordant fait toujours mouche de nos jours :

> Les deux sexes ne se sont jamais partagé le monde à égalité ; et aujourd'hui encore, bien que sa condition soit en train d'évoluer, la femme est lourdement handicapée [...]
>
> La bourgeoisie conservatrice continue à voir dans l'émancipation de la femme un danger qui menace sa morale et ses intérêts. Certains mâles redoutent la concurrence féminine [...] nul n'est plus arrogant à l'égard des femmes, agressif ou dédaigneux qu'un homme inquiet de sa virilité. Ceux qui ne sont pas intimidés par leurs semblables sont aussi beaucoup plus disposés à reconnaître dans la femme un semblable[2].

De nouvelles voix cependant montent au créneau pour dénoncer ces problèmes persistants. Entre l'étonnant discours sur « la libido génitale et son destin » de Françoise Dolto[3] et le texte *Je suis un monstre qui vous parle. Rapport pour une académie de psychanalystes*[4], de Paul B. Preciado, publié en 2020[5], il y a tout un monde !

1. S. de Beauvoir, *Le Deuxième Sexe*, t. I, *op. cit.*, p. 16-18.
2. *Ibid.*, p. 26-27.
3. Missionnée par Jacques Lacan, au Congrès sur la sexualité féminine en 1960.
4. P. B. Preciado, *Je suis un monstre qui vous parle. Rapport pour une académie de psychanalystes*, Grasset, 2020.
5. À la suite de son invitation aux journées « Femmes en psychanalyse » (aurait-on l'idée de faire une journée consacrée aux « hommes en psychanalyse » ?)

De la définition de la femme qui « a un bouton avec un trou », selon Dolto, qui peinait à trouver les bons mots, aux problématisations neurobiologiques, épigénétiques, socioculturelles et politiques de Preciado, une rupture explosive se dessine. Mais en pratique, au quotidien dans les cabinets de consultation, l'intérêt et les études relatives à la sexualité féminine n'ont avancé que de quelques pas...

Avant le XIXe siècle, « la femme » n'existait ni anatomiquement ni politiquement comme subjectivité souveraine. Le paradigme monosexuel fonctionnait selon un « système de ressemblances » dans lequel le corps féminin était représenté comme une variation hiérarchiquement mineure du masculin. Il n'était pas reconnu comme entité anatomique, comme sujet politique, ayant une existence ontologique, autonome et pleine. Avant le XVIIIe siècle, un vagin était un pénis inversé, le clitoris et les trompes de Fallope n'existaient pas et les ovaires étaient des testicules intériorisés. La gynécologie était de l'obstétrique. Il n'y avait pas de femmes. Il y avait des mères potentielles[1].

Dans son livre *Jouir. En quête de l'orgasme féminin*, publié en 2019, la journaliste Sarah Barmak explique comment « le plaisir féminin a été cycliquement oublié puis redécouvert[2] ». Pour ce faire, elle décide de s'appuyer sur les descriptions du livre *Vagina*[3], de Naomi Wolf, auteure

1. *Ibid.*, p. 73.
2. S. Barmak, *Jouir. En quête de l'orgasme féminin*, Zones, 2019.
3. N. Wolf, *Vagina. A New Biography*, Virago, 2013.

d'une « nouvelle biographie du vagin », expliquant le déclin de la vulve et de la structure vaginale :

> Après avoir été vénérées et perçues comme sacrées par les civilisations préhistoriques pendant des millénaires, [les femmes] ont été rabaissées dans la Grèce antique, puis considérées comme profanes et haïes dans les sociétés monothéistes centrées autour d'une figure paternelle divine. En résumé, la sexualité des femmes a d'abord été célébrée puis, perçue comme trop puissante, elle a éveillé les craintes – avant d'être infériorisée, voire niée lorsque les sciences dites « dures » se sont développées. Les efforts consentis par tant de femmes (et d'hommes) pour comprendre la sexualité féminine ne donnent pas seulement lieu à de multiples découvertes : ils tiennent de la guérison et de la résurrection[1].

Le phénomène de coupe voire d'effacement de la médecine sexuelle des femmes (au niveau budgétaire, scientifique, universitaire, éditorial, sociétal...) est désormais bien connu. Comment cela fut-il possible ? Comment cela est-il encore possible ?

Dans la sphère scientifique, l'une des principales clés d'analyse se situe très certainement du côté de ce que les sociologues John Gagnon et William Simon ont appelé en 1973, les « scripts de la sexualité ». Les inégalités sociales trouvent leur ancrage le plus tenace au sein des stéréotypes liés à la sexualité. Briser les stéréotypes sexuels engagerait donc un remaniement sociétal fort qui ouvrirait la voie à de nouvelles représentations. D'un point de vue

1. S. Barmak, *Jouir. En quête de l'orgasme féminin*, *op. cit.*, p. 45.

socio-sexologique, c'est ce qui est en train de se passer depuis #MeToo. Pour ce faire, les médias, le cinéma, l'art et la littérature ont un rôle à jouer dans l'articulation et la transmission de nouveaux paradigmes. En amont, le discours scientifique se doit d'investiguer, de proposer et de vulgariser au mieux les nouvelles pistes interprétatives et les découvertes cliniques. Ils ont pour rôle d'écrire et de véhiculer de nouveaux scripts. Des scripts propices à une considération officielle de la sexualité féminine et de l'*orgasme global* à destination de tous (et pas que des femmes). Comme l'affirmait John Gagnon, il est important de saisir les enjeux et le pouvoir des scripts sociaux sur chaque individu.

Parler de sexualité n'est pas neutre. Vivre une sexualité non plus. Cela induit une grammaire de l'acte sexuel qui relève des trois temps : passé (choses apprises et/ou inculquées), présent (contexte relationnel et personnel) et futur (projections possibles, activité fantasmatique en action) :

> Toutes nos expériences sexuelles sont construites comme des scripts, c'est-à-dire qu'elles sont à la fois apprises, codifiées, inscrites dans la conscience, structurées, élaborées comme des récits ; elles découlent d'apprentissages sociaux, qui ne résultent pas tant de l'inculcation de règles et d'interdits que d'une imprégnation par des récits multiples impliquant des séquences d'événements, et d'une intériorisation des modes de fonctionnement des institutions[1].

1. J. Gagnon, *Les Scripts de la sexualité. Essais sur les origines culturelles du désir*, Payot, 2008, p. 104.

Or, les récits dépendent bien souvent des médias, tel que le fonctionnement des institutions dépend des États. Culture et politique, médecine et médias ont un rôle à jouer, des pistes à proposer pour définir les nouvelles règles d'une sexualité moins inégalitaire (hommes/femmes/minorités). Lorsque l'orgasme féminin sera étudié pour lui seul, par-delà ses accointances procréatrices ; lorsqu'il sera traité par les médias et le corps médical comme un thème herméneutique et clinique majeur qui mérite également des centres de recherches spécifiques avec des traitements ciblés – comme en disposent les hommes depuis plus de vingt ans déjà –, une nouvelle écriture de scripts culturels et sociaux pourra prendre forme. La reconnaissance du clitoris en tant qu'organe du plaisir féminin va bien au-delà de sa seule définition anatomique. Il devient l'incarnation d'une symbolique forte en matière de droit des femmes et de recherche équitable sur la sexualité.

Les révolutions de l'orgasme engagent une réflexion scientifique et publique sur les notions de plaisir, de jouissance et plus généralement de sexualité masculine et féminine. La découverte et l'acceptation par la doxa de la révolution du clitoris et du point P peuvent modifier et actualiser le regard sur le sexe et ouvrir de nouvelles perspectives quant au traitement genré de la sexualité.

Chapitre 3

La révolution de l'orgasme masculin : le fabuleux destin du « point P » ?

« La nouveauté constitue toujours la condition de la jouissance[1]. »

Sigmund Freud

En gommant le clitoris de l'anatomie féminine, la société est passée à côté de la sexualité des femmes durant des siècles. Et si tel était le cas de la sexualité des hommes ? Et si, d'une manière générale, une autre forme de sexualité (connue seulement d'une minorité) existait et pouvait advenir lors des rapports sexuels, quels que soient son genre et son orientation ? Pour dire les choses explicitement : et si ce que l'on appelle communément le « point P », c'est-à-dire le point prostatique, était également en train de révolutionner l'orgasme masculin dans notre société occidentale ? Un grand tabou existe par rapport à cette question et nous allons en analyser les différentes raisons. Car derrière la pratique c'est tout un « continent noir » qui s'ouvre et change de camp. Imaginez ce que

1. S. Freud, *Au-delà du principe de plaisir* (1920), Payot, 2010, p. 33.

la découverte du point prostatique peut induire dans les consciences et les comportements au sein même d'une société fondée sur une norme à majorité hétérosexuelle et un principe ancestral de domination patriarcale !

Trouble dans le sexe

Comment cela ? la jouissance masculine ne serait plus corrélée exclusivement au pénis ? Elle ne serait plus *monofocale*, de type excitation, érection, éjaculation ?! À l'image de la femme, la puissance phallique ne serait « pas-toute », pour reprendre Lacan ? Existerait-il une jouissance « supplémentaire » qui ferait des hommes des êtres multi-orgasmiques ?

Vertige. Car, effectivement, les hommes peuvent ressentir et déployer leur jouissance ailleurs que dans la pratique pénienne. En d'autres termes, les hommes peuvent jouir autrement. C'est la thèse que je souhaite soutenir dans cet ouvrage. Au regard, d'une part, de la littérature existant depuis des millénaires sur les orgasmes dégénitalisés (tantrisme, subspace, orgasme musical, culinaire, slow sex) mais aussi des multiples témoignages reçus en cabinet de consultation. Sans compter l'essor colossal des vibromasseurs prostatiques depuis une dizaine d'années en France (et surtout depuis la Covid-19[1]) et la littérature spécialisée, connue des amateurs, mais si peu abordée

1. Voir M. Croset-Calisto, « La sexualité et la question du désir en temps de crise », YouTube, « 2e journal parlé de passages », www.youtube.com/watch?v=_iy1MKFRonw.

dans les sphères dites « grand public ». Reconnu depuis la nuit des temps, l'orgasme prostatique dérange toujours autant les hommes. Il donne lieu à des résistances essentiellement psychologiques et socioculturelles dans la mesure où les hommes qui décident de l'expérimenter peuvent se sentir réifiés voire « féminisés ». Un sentiment de perte du pouvoir viril et des assises sur lesquelles sont érigés les codes de la sexualité dite « vanille » (normée, conventionnelle, principalement hétérosexuelle) est souvent en jeu. Derrière la jouissance prostatique, c'est la question des stéréotypes et du plaisir genré, mais aussi de la norme et de l'histoire masculine qui sont mises au défi. Pourtant une question se pose : les hommes sont-ils véritablement heureux de leur condition de jouissance autocentrée sur un pénis parfois capricieux, fatigué, vacillant[1]… ? N'ont-ils pas envie de s'extraire de ce diktat de « puissance » au nom d'autres plaisirs et d'autres formes de jouissance ? Dans une société de stress et de course à la performance, ne serait-il pas bienvenu aussi de pouvoir se laisser aller et s'adonner à des plaisirs *autr*es ? Des plaisirs vécus comme « extraordinaires », prodigieusement « océaniques » ou « diffus » à en croire les adeptes et les études scientifiques menées sur le sujet.

1. Le recours aux Viagra, Cialis, Levitra, Spedra est un bon indicateur de la déprime phallique vécue par les hommes, toutes générations confondues.

À la découverte du point prostatique

Pour comprendre l'orgasme prostatique, je vous propose un petit rappel anatomique puisque, même si elle fait fréquemment partie du discours des hommes, la prostate est davantage connue dans ses dysfonctions que dans ses fonctions. À l'instar du clitoris spécifiquement féminin, la prostate est une glande uniquement masculine, de la taille et forme d'une châtaigne, dont le rôle est de produire et d'émettre le sperme. Elle est située sous la vessie et entoure la zone urétrale. Lors de la miction, elle s'ouvre de manière à laisser passer l'urine. Ainsi, elle est directement et doublement corrélée au système reproducteur et urinaire puisqu'elle est traversée de part en part par le canal de l'urètre et le canal éjaculateur menant aux canaux déférents. Au carrefour de la cavité pelvienne, du rectum, de l'anus et du périnée, la prostate occupe donc une position « stratégique » dans l'univers génito-urinaire masculin. À l'âge adulte, une prostate normale pèse environ vingt à vingt-cinq grammes pour des dimensions approximatives de quatre centimètres de large, trois de haut et deux d'épaisseur. Avec l'âge, elle double ou triple de volume (hypertrophie) et enclenche régulièrement des troubles urinaires (envie d'uriner plus souvent, voire très fréquemment). Comme vu précédemment, sa fonction principale est de sécréter le sperme. Ce dernier est constitué de liquide séminal (stocké dans les vésicules séminales, il est essentiel à la survie des spermatozoïdes), de liquide prostatique (représentant environ 20 % du sperme) contenant du calcium, des protéines, du zinc, de l'acide citrique et des phosphatases. Ce cocktail, nommé aussi « éjaculat », est expulsé hors du corps lors de l'éjaculation[1].

Durant un rapport (ou pendant le sommeil) la prostate se contracte pour enclencher l'éjaculation. Lors de la miction, elle se rétracte pour permettre le passage de l'urine. Arrivés à un certain âge, il n'est pas rare que les hommes ressentent l'envie d'uriner souvent. Cela correspond généralement à un grossissement de la prostate (hyperplasie) qui appuie sur la vessie et interfère avec la fonction mictionnelle. Lorsqu'un besoin d'uriner se fait ressentir plus de deux ou trois fois par nuit, il est utile d'aller consulter.

Si la prostate est connue et reconnue dans ses fonctions procréatrices et génito-urinaires, elle l'est beaucoup moins dans sa forme anatomique, en dehors du fameux « toucher rectal » lors de contrôles médicaux (parfois indélicats et vécus comme une humiliation par la majorité des hommes). Pourtant, en dehors du cadre d'auscultation médicale, la prostate – et l'anus en général – représente une région fortement innervée dont les effets érogènes ne sont plus à démontrer. La stimulation du point P a le mérite d'être plurielle puisqu'elle peut s'accomplir sous forme de caresses externes ou internes grâce à de petits massages associant pressions, mouvements de va-et-vient, cercles ou stimulations vibratoires (sextoys), etc. Les caresses externes se font à partir du plancher pelvien et du périnée – situé entre l'anus et le scrotum contenant les testicules – au moyen de pressions agissant directement à l'intérieur, au niveau de la glande

1. Voir en annexes, p. 291.

prostatique. Ces caresses prostatiques sont privilégiées en général par les néophytes ou les personnes que le plaisir anal peut rebuter. Les caresses internes se font par la pénétration anale en mode digital, pénien ou autre (jouets intimes tels que les chapelets, godes-ceintures, dildos[1], plugs anaux...). Le point P étant une zone érogène englobant la prostate dans son intégralité, il peut être stimulé de haut en bas, de part en part, de-ci de-là. L'essentiel est de prendre son temps pour trouver ce dernier ainsi qu'un maximum de précautions pour ne pas transformer la partie de plaisir en mauvais souvenir. Délicatesse, consentement et détente sont les maîtres mots de la chose. En mode manuel, le toucher prostatique doit se faire en douceur à l'image d'un massage. En mode vibromasseur, il permettra – grâce à l'ergonomie des accessoires – d'atteindre le point P de manière ciblée. Menée calmement et avec dextérité, la stimulation de la prostate peut produire un état de plaisir intense chez l'homme (seul ou en couple), jusqu'à déclencher une éjaculation, soit mécanique et réflexe, nommée *milking*, soit « psychologique » en fonction des fantasmes et du degré de jouissance vécus. Selon les pratiquants aguerris, la puissance de l'orgasme prostatique parcourt et irradie le corps tout entier. Cet orgasme s'avère plus « long », plus « diffus et englobant » que l'orgasme pénien (monofocal) qui est plus rapide et localisé. Pour ceux qui souhaiteraient tenter l'expérience, l'utilisation d'un lubrifiant (à base d'eau si possible) est préconisée. Par ailleurs, à l'instar de toute pratique sexuelle, le contexte et l'instant choisis

1. Sextoys télécommandés.

ont un impact considérable sur le déroulement des rapports. Prendre son temps et ne pas espérer atteindre la jouissance dès le départ est une des clés de la réussite. Désir, persévérance et expérience feront le reste.

Les limites à respecter

Pour les personnes qui pourraient être rebutées ou réfractaires à de telles pratiques, l'enjeu n'est pas de créer de nouvelles injonctions à la quête du saint Graal sexuel sous toutes ses formes. Bien évidemment, rien n'est obligatoire. Seuls le respect et le désir comptent. Il est tout à fait possible qu'une culture, une pudeur, une éducation puissent rendre hasardeuse cette pratique sexuelle. Rester à l'écoute de ses désirs (et de ses non-désirs), de ses valeurs et de ses acquis est un gouvernail fiable. Ne pas se forcer représente la règle d'or. Ensuite, si la curiosité est là, si l'imaginaire prend le pas, si l'entente et la communication dans le couple permettent cela, alors pourquoi pas ? Comme je le dis souvent, il est fréquent d'accueillir en cabinet de consultation des couples dont la demande concerne un désaccord sexuel. L'un a des demandes, l'autre pas. L'un souhaite vivre de nouvelles expériences alors que le ou la partenaire se montre réticent ou déclare que les rapports lui conviennent comme cela... les exemples affluent et il n'est pas toujours facile pour les couples de se sentir sexuellement en phase. Si la confiance est nécessaire au lâcher-prise et au don de soi, elle n'en est pas pour autant le moteur qui ferait que tout devient alors possible.

Chez les hommes, l'une des principales résistances relève d'un amalgame, voire d'une confusion entre la sexualité anale et l'orientation (homo)sexuelle. Si un homme hétérosexuel aime se faire pénétrer, cela correspond bien souvent encore dans les mentalités, au « syndrome » d'une homosexualité refoulée. Pire, il est peut-être en pleine régression. Car pour certains hommes le vécu honteux et régressif de l'orgasme anal n'est pas un mythe. La topique de Freud (en plaçant dans les différents stades de la sexualité le stade anal, bien avant le stade génital) y est pour beaucoup. À l'instar de l'orgasme clitoridien considéré jusqu'alors par la littérature et la doxa comme « immature » face à l'orgasme vaginal chez les femmes, le stade anal chez les hommes demeure associé au premier stade infantile. Dans notre société nourrie de domination masculine et de « viriarcat », un homme, « un vrai », se doit de prendre et de pénétrer. Et non l'inverse. Seul le phallus doit servir à la jouissance. Ce qui ampute l'homme lui-même de bon nombre de ses possibilités orgasmiques. Mais si la révolution clitoridienne s'est installée, pourquoi n'en serait-il pas de même pour le point P chez les hommes ? Le sondage Ifop relatif aux pratiques et représentations du rapport anal en France et en Europe en 2021, tend à confirmer la chose[1]. L'enjeu du passage

1. Étude Ifop pour The Poken Company réalisée par questionnaire auto-administré en ligne du 1er au 5 mars 2021 auprès d'un échantillon de 5 025 femmes, représentatif de la population féminine âgée de 18 ans et plus résidant en Italie, en Espagne, en France, en Allemagne et au Royaume-Uni ; « Panorama de la sexualité des Européennes », www.ifop.com/wp-content/uploads/2021/09/Rapport_TPC_2021.08.31-Volet-1.pdf.

de l'orgasme monofocal (pénien) à l'orgasme global (tout le corps est érogène) représente pour les hommes un défi qui en dit bien plus long que leur simple anatomie. Cela constitue une révolution des représentations de la masculinité et de la virilité dans notre société. Une révolution anatomique, politique, posturale et égalitaire entre les sexes dans l'accès à la jouissance. Les femmes, les homos, les bi- et transsexuels ne sont plus les seuls à pouvoir jouir de cet obscur *lieu* de plaisir. Les hétérosexuels aussi. Physiologiquement bien sûr. Et à l'envi. Culturellement, cela coince encore, le point P reste une zone inexplorée d'une grande partie de la population hétérosexuelle. Comme nous l'évoquions, les causes sont multiples : sentiment de régression, pudeur, dégoût, injonctions cultuelles ou encore peur de perdre une partie symbolique de sa virilité. Dans tous les cas, le laisser-aller au plaisir anal est souvent vécu comme l'aveu d'une féminité. Et pour les hommes qui n'auraient pas lu Jung, ni même réfléchi aux représentations du masculin et du féminin comme puissances complémentaires à l'intérieur de chaque être humain, il est difficile non seulement de « lâcher prise » mais aussi d'essayer de comprendre comment un tel plaisir est possible. L'anathème est jeté, l'opprobre est lancé. Cachez ce trou que l'on ne saurait voir, hormis pour déféquer ou servir d'insulte. Alors pourquoi ? Pourquoi la majeure partie des hommes hétérosexuels se sentent-ils changer de genre ou d'orientation lorsqu'ils subissent une pénétration ? La cause est psychologique, culturelle, sociologique, etc. mais non physiologique. Dès les années 1950, le célèbre sexologue et psychiatre américain Alfred Kinsey avait démontré que 48 % des hommes hétérosexuels déclaraient avoir eu au moins une fois dans leur vie des fantasmes, flirts ou expériences homosexuels[1]. Ses publications avaient provoqué un fort émoi dans la communauté scientifique mais aussi auprès du grand public : devenues des succès de librairie, ces deux études révélaient notamment les pratiques fréquentes de masturbation, de rapports sexuels avant le mariage, de rapports extraconjugaux et d'expériences homosexuelles chez la majorité des personnes hétérosexuelles. Alfred Kinsey est toujours considéré comme un pionnier de la sexologie, mais également comme un précurseur de la révolution sexuelle des années 1960-1970.

L'échelle de Kinsey

L'échelle de Kinsey est un outil diagnostic qui a fait grand bruit à sa sortie. Elle permet d'évaluer le degré d'une orientation sexuelle, sur une échelle graduée de 0 à 6. À partir de deux études sur le comportement sexuel des Américains – auprès de 5 300 hommes en 1948 et de 8 000 femmes en 1953 – le Dr Kinsey révéla à quel point l'histoire d'une personne, ses rencontres de vie ainsi que le travail d'ouverture érotique effectué sur plusieurs années peut agir sur son orientation sexuelle. Les enquêtes menées par Kinsey au tournant des années 1950

1. Tout d'abord professeur d'entomologie devenu au fil du temps célèbre sexologue pour avoir publié deux importantes études : *Le Comportement sexuel masculin* (1948) et *Le Comportement sexuel féminin* (1953).

auront entre autres permis de constater qu'homosexualité et hétérosexualité ne sont pas des orientations sexuelles clivées ou exclusives. Elles constituent plutôt deux pôles distinctifs ou complémentaires d'un même continuum sexuel humain. Je tiens à rappeler que le sujet fait toujours débat aujourd'hui et que bon nombre de confusions dans les milieux anti-LGBTIQ (et pas seulement) sont encore à déplorer. L'échelle de Kinsey comporte six degrés décrits ci-dessous :

0	Exclusivement hétérosexuel(le)
1	Prédominance hétérosexuelle, expérience homosexuelle
2	Prédominance hétérosexuelle, occasionnellement homosexuel(le)
3	Bisexuel(le) sans préférence
4	Prédominance homosexuelle, occasionnellement hétérosexuel(le)
5	Prédominance homosexuelle, expérience hétérosexuelle
6	Exclusivement homosexuel(le)
X	Asexuel(le)

Cette nomenclature avait pour ambition de décrire toute la diversité des orientations au sein d'une population donnée mais aussi au cours d'une vie. Selon Kinsey, l'être humain porte en lui deux composantes, l'une hétérosexuelle et l'autre homosexuelle, qui s'aménageront diversement d'une personne à une autre selon les circonstances particulières de son vécu. Cela renvoie d'ailleurs à la bisexualité psychique énoncée par Freud au début du XXe siècle. Le père de la psychanalyse déclarait alors : « La sexualité humaine est une psychosexualité où le féminin et le masculin se succèdent, s'opposent, s'intriquent, constituant la bisexualité psychique, qui atteint son apogée avec l'organisation œdipienne[1]. »

Alfred Kinsey, quant à lui, désapprouvait l'utilisation de termes comme homosexuel ou hétérosexuel pour décrire les orientations sexuelles des individus, répétant sans cesse que la sexualité peut être sujette à d'incessants changements au fil du temps :

> On ne peut cataloguer les hommes en deux catégories distinctes : hétérosexuels et homosexuels... Seul l'esprit humain invente ces catégories et tente de faire entrer de force la réalité dans des cases étriquées. Le monde vivant est un continuum avec des personnes dans la population qui n'occupent pas seulement les sept catégories de l'échelle... Même une échelle de sept points ne peut prétendre qu'à se rapprocher des innombrables nuances qui existent en réalité[2].

Il est bon de rappeler aussi qu'à l'époque (et encore dans de nombreux pays) l'homosexualité était condamnée par la loi. En déplorant sa pénalisation, Kinsey regrettait par exemple qu'un homme hétérosexuel qui a connu une expérience avec une personne de même sexe (échelon 1 ou 2) puisse être taxé d'homosexualité (échelon 6) donc condamné. Serait-ce entre autres ces relents répressifs qui imprégneraient encore les représentations et les

1. S. Freud, « L'organisation sexuelle infantile », dans *La Vie sexuelle*, PUF, 1970.
2. A. Kinsey, *Sexual Behavior in the Human Male*, *op. cit.*, p. 647-657.

mentalités de certains hétérosexuels qui entretiendraient les phobies toujours présentes dans nos sociétés ?

D'ailleurs, il est à souligner que la fluidité de genre et d'orientation sexuelle fait partie des nouveaux paradigmes sexuels des générations Y (21-35 ans) et surtout Z (12-21 ans). Selon l'étude Sonar menée sur la génération Z au Royaume-Uni en 2015[1], le panel d'adolescents interrogés envisagent le genre et l'orientation sexuelle comme beaucoup plus mobiles que leurs aînés. À la question « Où vous identifiez-vous sur l'échelle de Kinsey ? », 48 % seulement ont coché 0. C'est bien moins que pour la génération Y, qui se déclare à 65 % dans une hétérosexualité ou une homosexualité exclusive. Plus de la moitié des adolescents ont donc désigné un échelon quelque part entre 1 et 5, indiquant se considérer comme bisexuels, fluides ou en tout cas ouverts dans leur orientation. Et, plus notoire encore, 82 % déclarent n'avoir que faire de l'orientation sexuelle pseudo-déterminée, préférant se fier à l'alchimie que peut créer une rencontre. Le thème est encore délicat, y compris dans nos contrées, si ouvertes soient-elles. Pour l'heure, les générations Y et Z enfoncent le clou en allant même au-delà des travaux des sexologues avec les pratiques « pan » ou « poly », s'inscrivant dans la fluidité sexuelle qu'ils revendiquent. Pour une majorité d'entre eux, le temps des cases figées semble révolu. Ce qui explique certainement le sursaut répressif et homophobe qui agit avec virulence en parallèle depuis quelques années dans

1. https://www.jwtintelligence.com/2015/05/data-point-generation-z-and-gender.

notre société. La révolution en cours secoue les conservatismes de tout bord. Mais force est de constater que les codes sont en train de changer. Pour combien temps ? La question reste en suspens.

Pratique sexuelle n'est pas orientation sexuelle

Le jour où les pratiques ne seront plus accolées à une orientation sexuelle[1], le jour où l'acte de pénétrer et d'être pénétré ne sera plus entaché de représentations clivantes de soumission, domination, etc. mais considéré et choisi comme une pratique de plaisir, et ce quels que soient les sexes[2], genres et orientations, alors la sexualité des humains aura tout à gagner. Les orgasmes pourront enfin se libérer. Voilà pourquoi l'orgasme prostatique peut notamment faire peur. En tant que véritable liberté individuelle, le plaisir sexuel peut vite devenir revendication politique et sociétale. À la suite de la revendication estudiantine de la mixité dans les dortoirs universitaires le 22 mars 1968, l'Europe a connu un basculement par le biais des décisions socio-politiques fortes dans les années qui suivirent (légalisation de l'IVG, accès à la contraception, plus grande liberté sexuelle pour les femmes). Et même si les années post-68 sont de plus en plus décriées, il reste que ce fut un grand souffle d'émancipation pour les femmes

1. Par exemple dans l'inconscient collectif, la sodomie entre hommes en fait des homosexuels et la masturbation clitoridienne entre femmes, des lesbiennes.
2. Une femme peut mener un homme à l'orgasme prostatique par une pénétration digitale ou avec un gode-ceinture par exemple.

dans leur vie quotidienne. Le mouvement #MeToo en est actuellement un autre.

Véritable zone érogène, le point P permet aux hommes de découvrir leur potentiel érotique sous un angle différent afin de jouir de leur corps « globalement ». De quoi faire frémir Tirésias et ouvrir de nouveaux champs mythologiques :

> Un jour que Zeus se querellait avec sa sœur Héra en soutenant que dans l'acte sexuel la femme éprouvait plus de plaisir que l'homme, alors qu'Héra soutenait le contraire, ils eurent l'idée de consulter Tirésias pour lui poser la question. Tirésias qui seul avait vécu la double expérience des sexes, répondit sans hésiter que, si la jouissance d'amour se composait de dix parts, l'homme ne jouissait que d'une seule et la femme de neuf[1].

À coup sûr, l'idée de l'homme multi-orgasmique ne serait pas pour déplaire à Ovide. Bien au contraire. L'écriture de nouvelles intrigues et métamorphoses sexuelles s'avère au cœur même de toute ontogenèse, qu'elle soit mythologique ou réelle. Actuellement, le mythe de Tirésias semble connaître une suite. Car après sa transformation en femme, le récit mythologique lui avait redonné sa première forme d'homme et laissait les lecteurs en suspens. Au vu des révolutions poly-orgasmiques en cours où les hommes peuvent – comme les femmes – jouir de plusieurs endroits de leur anatomie, il est possible de s'imaginer Tirésias heureux…

---

1. Ovide, *Les Métamorphoses*, livre III, vers 330.

À l'instar des femmes récemment émancipées de l'*orgasme dual*, les hommes ne sont plus sous l'unique coupe de l'*orgasme monofocal*, ils commencent à faire l'expérience de nouvelles zones de plaisir. Leur potentiel orgasmique s'enrichit, l'*orgasme global* – celui qui prend tout le corps et à répétition – leur permet d'accéder non seulement à d'autres sensations, mais aussi à d'autres représentations d'eux-mêmes.

Chapitre 4

L'orgasme et le couple

> « Il ne s'agit pas d'atteindre la perfection, mais la totalité. »
>
> Carl Gustav Jung

À partir de ces premiers constats socio-sexologiques relatifs au fonctionnement sexuel des femmes et des hommes, il apparaît que la sexualité, d'un point de vue personnel, relationnel mais aussi sociétal, incarne le lieu même de toutes les révolutions et évolutions possibles. Du côté des femmes, les découvertes sur le clitoris ont permis de sortir du clivage freudien de la sexualité vaginale dite « mature » contre la sexualité clitoridienne, considérée comme « immature ». Jour après jour – avec notamment l'arrivée des générations Y et Z – l'orgasme vaginal tombe de son piédestal. Les nouveaux savoirs physiologiques et sexologiques ont permis par exemple d'avancer dans la compréhension des zones franches du plaisir féminin. Le clitoris est devenu l'organe principal de la jouissance. Mais qu'en est-il du point G ?

Mythes et réalités du point G

Le « point » G n'est en réalité ni un organe, ni même un *point*. C'est une aire, une parcelle, un territoire. Sa renommée n'est plus à faire. Objet de nombreux fantasmes, il attise les convoitises et suscite encore bien des débats et des curiosités, on l'a vu. Alors pourquoi tant de doutes et de mystères à son égard ? Existe-t-il vraiment ? Où se situe-t-il précisément ? Au final, le point G est-il un mythe ou une réalité ? L'expression « point G » provient de la découverte faite par le Dr Ernst Gräfenberg, durant les années 1950, d'une zone vaginale sensible et réceptive aux stimulations. En poussant l'analyse, il remarqua à travers la congestion des vaisseaux pelviens et l'augmentation de la lubrification vaginale que de nombreuses femmes éprouvaient du plaisir lors de pressions répétées sur cette zone. Malgré cette découverte anatomique, de nombreuses féministes de l'époque contestèrent l'existence de ce lieu de plaisir, lesquelles voyaient en la sacralisation du point G une manœuvre masculine venant officialiser le plaisir vaginal au détriment du plaisir clitoridien. Au fil du temps, les observations du Dr Gräfenberg furent confirmées et la reconnaissance du point G fut officialisée au début des années 1980 (sans toutefois provoquer davantage de recherches en la matière ; répétons-le, le plaisir de la femme n'étant pas un domaine rentable ou digne d'intérêt, il est peu investi par la recherche médicale). Espace interne de plaisir variable d'une femme à une autre, cette zone peut se réveiller – ou non – sous l'effet d'exercices pratiques constitués de pressions diffuses et répétées. Situé sous la vessie, le point G se trouve à environ quatre ou cinq centimètres de l'entrée du vagin du côté abdominal. En raison de son emplacement, il n'est pas rare que sa stimulation provoque une légère envie d'uriner. Quoi qu'il en soit, le point G n'a rien d'un point, ni encore moins d'un bouton magique de la taille d'une pièce de deux euros (comme on l'entend souvent) sur laquelle appuyer pour un décollage immédiat. À vrai dire, comme le rappelle le Dr Buisson dans son ouvrage consacré à cette zone[1], aucune structure anatomique particulière n'a été découverte, ni sur la dissection des cadavres, ni sur les images de résonance magnétique nucléaire, ni même encore dans l'analyse microscopique des tissus humains. En revanche, l'échographie a démontré un point de contact entre les parties internes du clitoris et la paroi vaginale. Le voile se lève et le mystère s'explique... La grande révolution des recherches médicales précitées en début de ce livre est que, à l'évidence, il existe bien une corrélation entre la localisation du point G et les parties internes du clitoris (les piliers), situé de l'autre côté de la paroi vaginale. En définitive et après des siècles d'interrogations en la matière, l'on sait désormais que le point G est une partie interne du clitoris.

1. O. Buisson, *Qui a peur du point G ?*, *op. cit.*

De l'orgasme dual et monofocal à l'orgasme global

Prendre en compte le potentiel orgasmique global et non plus dual des femmes (c'est-à-dire le potentiel à jouir de toutes zones érogénéisées) permet de s'extraire des considérations clivantes, dévalorisantes, infantilisantes, culpabilisantes, etc. qui ont marqué des siècles de pression sur la sexualité féminine. Aussi, le passage de la vision duale à la vision globale permet aux femmes non seulement de s'affranchir des concepts anciens mais aussi de s'affirmer dans leur désir polymorphe et multi-orgasmique en dehors des injonctions patriarcales. Une véritable révolution est en cours. Du côté de l'orgasme masculin, le sujet paraît encore sensible. Évoquer le potentiel polyorgasmique de l'homme présuppose d'avoir commencé à déconstruire certaines représentations de genre. Quand les hommes pourront assumer librement leur part de « féminité » sans se sentir atteints dans leur virilité, un grand pas sera franchi pour eux, et pour les femmes. Nous sommes tous constitués d'une part de ce que nous nommons le masculin et le féminin. Condamnés en majorité à n'avoir pour seule représentation de l'orgasme qu'un orgasme pénien (phallique, génital et comme je l'ai nommé « monofocal »), bon nombre d'hommes passent à côté d'autres plaisirs pourtant bien connus, mais si peu vécus. L'orgasme prostatique en fait partie, tout comme d'autres types d'orgasme (j'évoquerai en dernière partie les jouissances du futur avec les orgasmes « dégénitalisés ») qui permettent d'ouvrir la sexualité masculine à d'autres pratiques et d'autres formes de plaisirs. Décentrer les zones érogènes du phallus vers le corps tout entier est une gageure, certes, mais point une utopie. Passer de l'*orgasme monofocal* (excitation, érection, éjaculation) à l'*orgasme global* représente un pari masculin qui renoue avec la part de féminin en soi. Le pas de côté somme toute qui ouvre des perspectives en soi, hors de soi et sur le monde. Les sexologues connaissent bien la faculté « multi-orgasmique » de l'homme. Elle est souvent évoquée et décrite par les patients attentifs à une santé sexuelle épanouie. Malgré cela, elle ne fait l'objet de quasiment aucune étude, ni d'aucun ouvrage de littérature scientifique[1]. Alors qu'avec de l'expérience et de l'entraînement les hommes ont la faculté – tout comme les femmes – de pouvoir jouir plusieurs fois, et ce de façons différentes. Pourquoi tant de silence en la matière ? Orgasme pénien classique avec ou sans éjaculation (l'orgasme sans éjaculation est appelé « orgasme sec »), orgasme anal, orgasme de la peau (le subspace de praticiens du BDSM, par exemple), orgasme musical, culinaire[2]… toutes ces possibilités peuvent se répéter plusieurs fois grâce à la diversité des zones érogènes mais aussi à une phase réfractaire (temps de latence après l'orgasme) courte, voire inexistante. Ce qui signifie que la physiologie des hommes, à l'instar de celle des femmes, leur permet d'avoir des orgasmes successifs…

1. Par exemple, en 2022, les ouvrages en français sur le point prostatique se comptent sur les doigts d'une main…
2. À découvrir en dernière partie de cet ouvrage.

Selon l'enquête de *Sex Rev Med* de 2016, peu d'hommes savent qu'ils sont multi-orgasmiques[1]. Les raisons qui font qu'un homme peut être multi-orgasmique sont nombreuses. L'entraînement et l'intérêt pour la question sont indéniablement des tremplins en la matière, mais la nouveauté affective ou sexuelle, l'utilisation de jouets intimes, la disponibilité psychique, l'utilisation d'aphrodisiaques ou psychotropes facilitateurs (déconseillés) et bien d'autres éléments encore peuvent expliquer le phénomène. Autant de pistes exploratoires qu'il s'agira de découvrir dans les années à venir. La sexologie est une science récente et au vu des révolutions en cours elle a encore de beaux jours devant elle. Cet ouvrage tient à démontrer que par-delà les orgasmes masculins et féminins se trouve une même approche psycho-corporelle, qui fait du corps et de l'esprit humains un territoire érotique riche et varié. Un territoire à explorer non en mode dual (vagin/clitoris) ou monofocal (phallique) mais bien davantage dans sa globalité.

D'ailleurs, on a longtemps taxé les femmes préférant la jouissance clitoridienne d'être « immatures » dans leur sexualité face à l'orgasme « vaginal », beaucoup plus « diffus » et constructif selon la psychanalyse. Mais maintenant que les recherches sur le point P existent et que les témoignages se libèrent, la psychanalyse oserait-elle dire de même des hommes ? Considérer somme toute que l'orgasme pénien (monofocalisé) des hommes ne serait

---

1. « Multiple orgasms in men. What we know so far », *Sex Rev Med*, avril 2016 : pubmed.ncbi.nlm.nih.gov/27872023/.

qu'un orgasme infantile face à un orgasme beaucoup plus « diffus » et psycho-corporellement engageant (être pénétré suppose d'accepter une altérité...), qu'ils peuvent expérimenter grâce à l'orgasme prostatique ? L'orgasme pénien serait immature et l'orgasme prostatique, élaboré ? *Skandalon*.

Souvenons-nous des propos du médecin et psychanalyste américain Rudolf Loewenstein avec *La Frigidité de la femme*. Et dans une approche équitable, imaginons d'inverser les genres de son discours pour l'appliquer aux hommes. Voici le texte initial :

> Cependant, le clitoris ne joue, dès lors, habituellement un rôle que dans ce qu'on appelle le « plaisir préliminaire ». Le point culminant du plaisir sexuel, l'« orgasme », chez la « femme normale », est à point de départ « vaginal ». La femme normale semble d'ailleurs distinguer subjectivement l'orgasme clitoridien de l'orgasme vaginal, ce dernier étant décrit comme de beaucoup plus complet et plus apaisant[1]...

Voici ce que ce texte donnerait si on l'appliquait aux hommes :

> Cependant, le pénis ne joue, dès lors, habituellement un rôle que dans ce qu'on appelle le « plaisir préliminaire ». Le point culminant du plaisir sexuel, l'« orgasme », chez l'« homme normal », est à point de départ « prostatique ». L'homme normal semble d'ailleurs distinguer subjectivement l'orgasme pénien de l'orgasme prostatique, ce dernier étant décrit comme de beaucoup plus complet et plus apaisant...

1. Extrait repris dans A. Fine, A. Le Guen et A. Oppenheimer (dir.), *Les Troubles de la sexualité*, PUF, 1993, p. 47-50.

Voyez-vous comme cela fonctionne bien... ? Voyez-vous donc comment l'homme pourrait tout aussi bien, dans un autre contexte que celui du patriarcat, être taxé de sexualité mature ou immature... ? De quoi faire réfléchir ! Sachant que la prostate est le lieu biologique même du sexuel masculin, l'ignorer ainsi dans les rapports sexuels a de quoi surprendre.

Imaginons quelle saynète théâtrale cela pourrait donner :

— Comment cela, monsieur, vous ne jouissez que de la queue et non point du cul ? N'auriez-vous donc aucune connaissance du plaisir total et « diffus » ?

— ...

L'orgasme global : un universexe

> « Toute jouissance qui n'est pas partagée perd de sa douceur. »
>
> Sénèque

Et s'il était temps de réactualiser nos connaissances et nos présupposés sur la sexualité ? Et s'il était temps enfin de concevoir l'orgasme non point comme un « différenciateur », mais au contraire comme un réunificateur des sensations masculines et féminines ? Pourquoi ? Parce que l'orgasme clitoridien ressemble en tous points, ou presque, à l'orgasme pénien (et réciproquement).

Et que l'orgasme prostatique, selon les hommes qui le pratiquent, correspond en tout ou presque, aux définitions que donnent les femmes de l'orgasme vaginal (profond, diffus, océanique, total...). Quant aux orgasmes dégénitalisés, ils envahissent les cœurs et les corps de manière indifférenciée. Et si finalement, contre toute attente, l'orgasme était le Graal de l'expérience de *soi-même comme un autre* ? Une expérience de l'universel sexuel ? Et osons même le néologisme de « l'universexualité... ? Quel paradoxe ! Quelle nouveauté ! Les témoignages et les récentes découvertes prouvent qu'il est possible, quel que soit son sexe de naissance, de ressentir plus ou moins fortement, plus ou moins librement ce que les deux sexes ressentent.

Nos expériences subjectives et plurielles de l'orgasme enrichissent notre palette de sensations humaines et nous poussent vers l'altérité. Oui, grâce à la diversité des jouissances, il est possible de ressentir ce que perçoit l'autre sexe. Il est possible d'avoir l'expérience commune de zones érogènes, de sensations érotiques et d'orgasmes vécus en osmose selon les aires corporelles stimulées. Aussi – et voilà une autre révolution en cours –, il est devenu possible d'affirmer que l'orgasme n'est plus uniquement un facteur genré, sexué, subjectif et individuel... l'orgasme est aussi un formidable accès aux expériences de l'altérité et donc de l'universalité. La barrière des sexes est franchie grâce à l'orgasme global avec ses sensations plurielles, grâce à cette faculté de créer des ponts sensoriels entre les êtres.

Dès lors que la sexualité est vécue avec sérénité, le cliché de l'orgasme qui éloigne les partenaires se réduit comme peau de chagrin au profit d'un terrain de jeux érotiques propice aux découvertes multisensorielles qui transcendent les genres et les orientations. L'individualisme exacerbé et le gouffre relationnel (qui émanent des récits sexuels de bon nombre d'hommes et de femmes) ne sont plus une fatalité. En général, derrière le dépit se lit la distance. Le *gap*, la béance entre deux êtres qui ne se retrouvent pas. Et pourtant tout est réuni désormais d'un point de vue conceptuel, physiologique, psychologique pour dire qu'hommes et femmes (dans la mesure où ils sont prêts à ouvrir leur champ d'investigation sexuel), peuvent se rencontrer sur des terrains sensoriels universels, communs aux deux sexes. Quelle révolution ! Ce qui signifie que l'état de santé des rapports sexuels désigne l'état de proximité (ou au contraire de distance) qui émane des échanges épidermiques et intellectuels entre les êtres ! S'extraire des schémas sexuels classiques de type « excitation-érection-pénétration-éjaculation » pour une majorité d'hommes et « excitation-lubrification-frustration » pour bon nombre de femmes (je schématise mais exagère à peine, rappelons qu'une femme sur trois n'a jamais connu d'orgasme « vaginal »), devient possible grâce à l'incroyable palette qu'offre la pratique de l'orgasme non pas dual, non pas monofocal, mais bien global.

Cet « universalisme orgasmique », si j'ose dire, se retrouve jusque dans le vocabulaire même de la sexualité, si l'on se fie à la retranscription d'une expérience menée par les chercheurs Ellen B. Vance et Nathaniel N. Wagner qui, après avoir invisibilisé l'identité et le sexe des participants, ont réuni une assemblée composée de gynécologues, de psychiatres et d'étudiants en médecine, hommes et femmes. Il fut ensuite demandé au jury d'essayer de deviner le sexe des participants à partir du récit personnel des orgasmes de ces derniers. Mais y compris pour les descriptions les plus imagées, les professionnels se virent incapables de spécifier quel orgasme relevait du discours d'un homme ou du discours d'une femme : « Dès lors que les chercheurs avaient éliminé les termes sexospécifiques tels que « vagin » et « pénis », et abstraction faite de quelques orgasmes multiples évoqués çà et là, le vécu des femmes en matière d'orgasme ne semblait pas si différent de celui des hommes[1]. »

La langue même de l'orgasme serait donc « a-genrée » ou « dé-genrée » ? Demandez aux femmes de décrire leur orgasme clitoridien et aux hommes leur orgasme pénien et vous découvrirez de fortes similitudes. De même, l'orgasme vaginal et l'orgasme prostatique renvoient régulièrement aux mêmes vocables. Et puis, avant toute chose, l'orgasme est le lieu même du grand vertige ou du grand chamboulement. Deux notions qui n'ont pas de sexe, ni de genre. Si les représentations symboliques ou iconiques peuvent varier d'un sexe à l'autre en fonction de sa culture et de son éducation[2], la verbalisation de la jouissance reste un exercice qui pousse les êtres au dépassement de leur Moi. Le vocabulaire s'universalise, nous pourrions même dire « s'universexualise » au nom d'un état fédérateur (la jouissance) terreau de compréhension sensitive et intersubjective.

1. S. Barmak, *Jouir. En quête de l'orgasme féminin*, *op. cit.*, p. 82.

2. Voir à ce propos le livre du philosophe J.-M. Ferry *Les Grammaires de l'intelligence* (Cerf, 2004) qui établit les différentes architectures de la « chronogénèse verbale », architecture permettant toute forme de communication humaine.

Que les réfractaires, là encore, se voient rassurés. Ces constats et pistes d'analyse sexologique relèvent bien plus de la théorie que de la pratique. Malheureusement, notre société avide d'individualisme et de protectionnisme projette ses peurs jusque dans les tréfonds de la sphère intime. Et ils sont encore bien rares, les couples qui trouvent l'alchimie, la confiance ou encore le désir réciproque de s'ouvrir totalement à l'autre. N'oublions pas que l'expérience sexuelle – outre ses caractéristiques de « décharge hygiénique », de rituel instinctif ou de joute entre les sexes – est avant tout un lieu de rencontre de soi-même et de l'autre. L'orgasme global a encore du chemin devant lui.

Chapitre 5

La révolution des mentalités : l'orgasme, ça s'apprend !

> « La santé psychique dépend de la puissance orgastique, c'est-à-dire de la capacité de se donner lors de l'acmé de l'excitation sexuelle. »
>
> Wilhelm Reich

Contrairement aux idées reçues, l'orgasme ne fonctionne pas comme un interrupteur on/off sur lequel il suffirait d'appuyer pour que tout s'éclaire. Comme on apprend à marcher, à parler, à manger, on apprend à jouir.

L'hypolibido (baisse du désir) est la première demande en consultations de sexologie féminine. Quand le désir n'y est pas, que la motivation n'y est plus non plus, chacun sait combien il devient difficile d'accéder à la jouissance. Certes, il existe en contrepoint dans la littérature sexologique des orgasmes que l'on dit « spontanés ». Ces derniers adviennent sans même que la personne les ait vus venir ! Tels les adolescents submergés par leurs premières pulsions sexuelles, les hommes et les femmes qui vivent des orgasmes spontanés décrivent l'irruption soudaine des mécanismes réflexes qui les projettent en quelques secondes dans l'univers des plaisirs impromptus. Pensée érotique, effleurement d'un sein ou d'une zone sensible… tout est propice à l'excitation. Mais cela reste rare et l'on connaît désormais le rôle de l'autosuggestion dans le déclenchement d'un orgasme spontané. En effet, le pouvoir du cerveau peut mener l'être humain, par un « simple » mécanisme de pensée, ou une furtive sensation, à enclencher lui-même un orgasme spontané où il veut et quand il veut !

L'orgasme : cérébral ou corporel ?

Depuis Freud, Reich ou encore les ténors de la sexoanalyse, l'influence des fantasmes et de l'imaginaire dans le fonctionnement de l'orgasme n'est plus à démontrer. Les incantations et images mentales jouent un rôle considérable dans les mécanismes d'excitation des zones génitales, et pas seulement. Chez les femmes, comme chez les hommes, il existe une activation d'une région centrale du cervelet associée au circuit dopaminergique de la récompense au moment d'une vision ou d'une pensée à connotation sexuelle (les publicitaires surfent allègrement sur cette vague depuis des décennies). L'activation de ces aires cérébrales enclenche les mécanismes physiologiques des phases de l'orgasme (pupilles dilatées, palpitation cardiaque augmentée, aréoles qui rosissent, lèvres génitales ou phallus vasodilatés…). C'est pourquoi travailler sur les fantasmes et les pensées érotiques représente une excellente piste – souvent abordée en consultation sexologique – pour questionner le désir et renouer avec le plaisir. L'école de l'imaginaire, avec la psychanalyse et la sexoanalyse, ont fait leurs preuves. L'approche sexocorporelle est également en train de gagner du terrain dans la compréhension et la résolution des troubles de l'orgasme. Les études en la matière sont assez récentes, c'est pourquoi les avis diffèrent au sein même des spécialistes.

En 2021, une nouvelle étude a réussi à préciser le lieu d'activation cérébrale lors de la stimulation du clitoris. Grâce à un accessoire qui stimule ce dernier par des jets d'air propulsé (principe qu'utilisent certains sextoys actuels), l'équipe berlinoise de la chercheuse Christine Heim a pu observer de près l'activité cérébrale pendant ladite stimulation et faire plusieurs découvertes. Un lien entre l'épaisseur de l'aire génitale dans le cerveau et la fréquence des rapports dans les douze derniers mois a été confirmé par la chercheuse. Cette augmentation correspond à la plasticité du cerveau qui témoigne de l'expansion ou de l'atrophie d'une fonction. Aussi, si l'étude démontre que les femmes qui ont déclaré avoir des rapports sexuels fréquents avaient une zone cérébrale plus large, cela signifie qu'il existe des connexions entre la dynamique neuronale et le vécu sexuel des personnes.

Analyser ces aires du cerveau tout en travaillant sur la stimulation clitoridienne pourrait bien devenir un moyen de comprendre et de prendre en charge les états de stress post-traumatiques dus à des violences sexuelles par exemple. Une révolution dans le champ de la santé sexuelle et du soin s'annonce encore. Dans un avenir proche, il sera certainement possible d'évaluer les dysfonctions sexuelles féminines par IRM et d'y répondre en pratique par des prescriptions de stimulations clitoridiennes ! Notons que la zone du cerveau qui correspond à la stimulation du gland chez les hommes est la même que celle des femmes pour le clitoris, ce qui prouve encore la similitude neurobiologique et érotique entre les deux sexes. Ces récentes découvertes confirment à quel point soma et psyché sont intimement liés.

Pour son livre dédié à l'orgasme féminin, Élisa Brune s'est rendue au Canada interviewer la neurobiologiste Frédérique Courtois à l'université de Montréal, laquelle tient un discours bien spécifique quant à l'activation corporelle – et non psychologique – de l'orgasme, notamment féminin. Selon elle, il y aurait trois types de déclencheurs d'orgasme (ce qui ne veut pas forcément dire trois types d'orgasmes différents). Ils correspondent à trois types de nerfs et peuvent expliquer comment s'active un orgasme féminin à partir d'une stimulation corporelle : le nerf pudendal, le nerf pelvien et le nerf hypogastrique. Après des décennies de travail sur le rôle du cerveau et de l'imaginaire dans l'activation des fonctions de l'orgasme, ce discours empirique et biologique ne fait pas consensus. Pour la plupart des spécialistes, ce sont les affects et la sphère émotionnelle qui seraient avant tout à l'origine du déclenchement de l'orgasme :

> La bascule du système nerveux vers l'orgasme est commandée par le système émotionnel : l'affectif, les fantasmes, l'éducation, la libido. En clair : le système nerveux,

musculaire, postural répond au système émotionnel, et non l'inverse. Et cela reste vrai dans le sommeil : un orgasme en rêve provient d'une décharge de dopamine pendant le sommeil paradoxal, qui est cette phase où les émotions de la journée sont « vidangées » par le cerveau[1].

Assurément, les débats entre les psychologues, psychanalystes, sexologues d'une part et les physiologistes, neurobiologistes et gynécologues d'autre part sont lancés et s'annoncent d'ores et déjà passionnants pour ces prochaines années. Savoir d'où vient le désir (du corps ou du cerveau) et connaître les raisons qui enclenchent l'orgasme (une sensation ? une vision ? une émotion ? une pensée ? une sonorité ?) sera un formidable enjeu futur de compréhension de la fonction sexuelle humaine.

À vrai dire, au vu de mes recherches et des témoignages issus des consultations il apparaît que les pistes cérébrale et physiologique – ou encore cognitive et comportementale –, loin de se concurrencer, s'allient pleinement. Comme l'ont démontré les récentes découvertes de 2021, le tout-cérébral ou le tout-corporel ne saurait expliquer la complexité d'un processus fondamentalement multifactoriel. Et ce quel que soit le sexe. Le temps de l'orgasme masculin « mécanique » et de l'orgasme féminin « psychologique » est révolu. Bien sûr, plus de vingt ans après l'arrivée du Viagra et d'autres adjuvants sexuels masculins, les femmes attendent encore pour elles la petite pilule bleue (évitons le rose, genré) qui apporterait une

1. É. Brune, *Les Révolutions du plaisir féminin*, *op. cit.*, p. 46.

parité indéniable dans l'accès à la santé sexuelle et à l'orgasme pour tous.

Les secrets de l'orgasme : motivation, confiance et entraînement

> « Une occasion manquée se retrouve, tandis qu'on ne revient jamais d'une démarche précipitée. »
>
> Choderlos de Laclos

L'accès au plaisir présuppose un mode d'emploi. Mais comment faire ? « Comment faire pour accéder au plaisir et trouver la confiance nécessaire au lâcher-prise ? », « Comment stimuler ma libido ? », « Comment avoir envie ? »... telles sont les questions les plus fréquentes des patients qui prennent rendez-vous en cabinet de consultation.

À vrai dire, les couples sont stressés. La charge mentale est si prégnante qu'il devient difficile de jouir pleinement car stress et sexualité font rarement bon ménage. En situation de confinement par exemple, ce fut quitte ou double. Harassés par les enfants à garder, les devoirs à superviser, le télétravail à observer, les couples ont dû être sur tous les fronts. Et si le confinement « confinait », cela ne signifiait pas pour autant qu'il allait rapprocher les êtres. On le sait, les violences, les angoisses, les dépressions ou les décompensations sont légion lors de périodes de stress intense ou répété. En matière de sexualité, c'est la même chose : dyspareunie (douleur lors des rapports) et baisse de libido chez les femmes, dysfonctions érectiles et troubles de l'éjaculation chez les hommes représentent des symptômes fréquents. Comment trouver le temps de l'amour et du rapprochement des corps lorsque la forme physique et psychique n'y est pas ? Et d'autant plus en période de stress collectif ? Heureusement, face aux différents stress de la vie, des solutions existent. La première démarche réside dans la prise de conscience de son propre état de stress, non pas pour l'annihiler, mais pour apprendre à s'en servir comme d'un levier, jusqu'au plaisir retrouvé.

Tout d'abord, il est utile de rappeler que le stress est nécessaire et inhérent à toute condition humaine. En effet, ce dernier nous concerne tous et nous permet de réagir et de nous adapter à un imprévu. À ce titre, il agit sur l'ensemble de notre organisme et s'avère essentiel. Lorsque l'adaptation à un stress soudain connaît des difficultés, le stress positif provoqué par la phase d'alerte se transforme peu à peu en stress néfaste (phase de résistance puis phase d'épuisement). Pour les couples, c'est la même chose, le stress peut avoir des effets délétères sur la complicité, la sexualité et l'accès à l'orgasme des partenaires.

C'est un fait, si le stress peut avoir de graves conséquences sur la santé des individus et des couples dans une société surmenée, il peut aussi produire ses effets négatifs en période de temps suspendu.

Tableau 2. Les symptômes et conséquences psycho-corporels du stress sur la sexualité (Magali Croset-Calisto)[1]

Les symptômes sexuels physiques	Les symptômes sexuels psychiques	Les conséquences psychocorporelles sur la sexualité
Hommes : ➢ dysfonction érectile ➢ éjaculation précoce ➢ anéjaculation ➢ azoospermie Femmes : ➢ dyspareunie primaire ➢ vaginisme ➢ trouble de la lubrification ➢ aménorrhées	Hommes : ➢ angoisse de performance ➢ hypolibido et trouble du désir ➢ asexualité ➢ trouble de la fertilité ➢ hypersexualité et/ou sexualité addictive Femmes : ➢ dyspareunie secondaire ➢ hypolibido et trouble du désir ➢ asexualité	Couple : ➢ honte, culpabilité, repli sur soi ➢ baisse de l'estime de soi ➢ anxiété généralisée ➢ évitement des rapports sexuels ➢ baisse des affects ➢ isolement et distanciation ➢ irritabilité et tensions dans le couple ➢ comportement sexuel compulsif ➢ addiction ➢ difficultés conjugales et familiales

1. M. Croset-Calisto, *Moins de stress grâce au sexe*, Albin Mihel, 2019, p. 34.

Afin d'éviter le « burn-out amoureux », il est utile de savoir apprivoiser le stress. Il existe de nombreux exercices pour les couples qui désirent casser la spirale infernale et se retrouver avec intensité et sérénité. Toutefois, pour bénéficier des bienfaits de la sexualité, il est nécessaire de revoir notre rapport au temps, à l'amour, à soi-même ainsi qu'à l'être aimé... Jusqu'à présent, nous étions dans le « faire » et moins dans le « ressentir ». « Connais-toi toi-même », disait Socrate. Voilà l'une des clés de l'épanouissement sexuel. Se mettre à l'écoute de soi et trouver des moments pour soi représente un formidable moyen de rester connecté au temps et à la vie. La libido fluctue, et comme le corps, elle s'entretient.

Actionner l'imaginaire et un retour à la sensitivité avec le toucher, travailler tant sur l'esprit que le corps est une approche qui donne de bons résultats. Pour ce faire, je préconise régulièrement quelques exercices[1] : le sex-time, la boîte à fantasmes, le slow sex, partir à la découverte de la zone clitoridienne interne (ancien point G)...

La dégénitalisation des rapports sexuels produit un formidable sentiment de liberté face aux injonctions de la pénétration. Faire l'amour, éprouver du plaisir, connaître des jouissances multiples engage le corps tout entier. Notre société se focalise sur l'acte sexuel comme un acte essentiellement génital (orgasme dual chez les femmes et monofocal chez les hommes comme nous l'avons vu en première partie de cet ouvrage). Or, il y a plusieurs manières d'éprouver du plaisir jusqu'à en jouir ! Avec la

1. *Ibid.*

frustration qu'il génère, le « tout-génital » a montré ses limites. Il faut dire aussi qu'en matière d'accès à la jouissance il n'y a pas de secret : il faut être détendu. Une tension musculaire trop forte, une charge mentale trop importante, un contexte défavorable sont autant de conditions délétères à la possibilité d'une extase. Car le plaisir nécessite de la motivation (« l'envie d'avoir envie »), de la détente psycho-corporelle et accessoirement, un minimum de temps. N'oublions pas que les femmes ont besoin en moyenne de 9 à 13 minutes de stimulations internes pour accéder à l'orgasme (dit) vaginal. Voilà pourquoi les hommes qui convoitent ce type de plaisir ont tout intérêt à s'entraîner à muscler leur périnée afin de mieux maîtriser leurs éjaculations.

Les révolutions actuelles de l'orgasme montrent à quel point de nombreux pans de la sexualité restent à explorer dans notre société. La sexualité féminine certes, mais aussi masculine. N'ayons crainte des répétitions : OUI, il est possible de jouir de plusieurs endroits de son corps (tétons, seins, dos, nuque, aisselles, anus…). Et NON, les pratiques sexuelles ne définissent pas le genre ni l'orientation sexuelle d'une personne. L'échelle de Kinsey vient nous éclairer sur ce dernier point. Voilà pourquoi les révolutions de l'orgasme engagent un changement profond dans la conceptualisation des notions de genre mais aussi des rapports sexuels actuels. Orgasmes vaginaux et péniens semblent avoir fait leur temps, l'heure est à l'orgasme global et « universexualisé », c'est-à-dire à la dégénitalisation des rapports et à la revendication de nouveaux territoires érogènes pour les deux sexes. Une nouvelle cartographie des jouissances est en train de se dessiner. Les plaisirs se démultiplient. Pénis et vagin font place à de nouvelles expériences sensitives. La différence des sexes se met en retrait au profit d'une expérience commune de sensations. Le postulat d'une jouissance propre aux hommes et aux femmes n'engage que clivages et préjugés. En matière de plaisir, d'orgasme et de sexualité, il s'agit avant tout d'émotions, de sensations et... de bienheureux abandon. Il n'y a pas de territoire humain plus libre et personnel que celui de la sexualité. Plus dynamique aussi.

Jouir, c'est s'affranchir.
Jouir, c'est s'expérimenter.
Jouir, c'est oser.

Phase 2

Le plateau

HISTOIRES D'ORGASMES

Chapitre 1

L'orgasme dans la pensée à travers les époques

« La préoccupation sexuelle est à la base de toute l'activité de l'esprit. »

Paul Éluard

Préludes : XIXe siècle et début du XXe siècle

Le Bréviaire de l'amour expérimental, rédigé en 1859 par le médecin et ingénieur Jules Guyot, représente l'une des premières conceptualisations de l'orgasme[1]. Et qui plus est de l'orgasme non genré. Réédité en 2012, ce bréviaire expose l'utilité et les bienfaits de « l'égal droit et l'égale aptitude au plaisir de chaque sexe ». Cela vaut le coup d'être souligné. Expliquant en quoi et pourquoi le plaisir féminin est essentiel au bon fonctionnement de l'être, du couple et d'une société, ce bréviaire représente une des premières pistes d'analyse socio-sexologique des rapports humains, grâce à l'étude de l'orgasme. Notons à ce propos qu'un siècle plus

1. J. Guyot, *Le Bréviaire de l'amour expérimental* (1859), Payot, 2012.

tard, Simone de Beauvoir reprendra cette thèse dans son *Deuxième Sexe*, en insistant particulièrement sur la difficulté pour les femmes à devenir sexuellement libres dans une société pétrie de relents de domination masculine :

« La femme libre est seulement en train de naître[1]. »

« Il ne s'agit pas seulement pour la plupart des femmes – comme aussi des hommes – d'assouvir leurs désirs, mais de maintenir en les assouvissant leur dignité d'être humain. Quand le mâle jouit de la femme, quand il la fait jouir, il se pose comme l'unique sujet : impérieux, conquérant, généreux donateur ou les deux ensemble[2]. »

« Une femme qui n'a pas peur des hommes leur fait peur [...] Que la femme se propose trop hardiment, l'homme se dérobe : il tient à conquérir. La femme ne peut donc prendre qu'en se faisant proie : il faut qu'elle devienne une chose passive, une promesse de soumission [...] en tout cas, on refuse de penser qu'elle soit simplement libre[3]. »

« Ainsi la femme indépendante est aujourd'hui divisée entre ses intérêts professionnels et les soucis de sa vocation sexuelle ; elle a peine à trouver son équilibre ; si elle l'assure, c'est au prix de concessions, de sacrifices, d'acrobaties qui exigent d'elle une perpétuelle tension[4]. »

« Ce qui est certain, c'est que jusqu'ici les possibilités de la femme ont été étouffées et perdues pour l'humanité et qu'il est grand temps dans son intérêt et dans celui de tous qu'on lui fasse enfin courir toutes ses chances[5]. »

---

1. S. de Beauvoir, *Le Deuxième Sexe*, *op. cit.*, t. II, p. 630.
2. *Ibid.*, p. 597.
3. *Ibid.*, p. 598-599.
4. *Ibid.*, p. 608.
5. *Ibid.*, p. 630.

À l'heure de #MeToo, les mots de Simone de Beauvoir incarnent une nouvelle force. Visionnaire autant que penseuse engagée dans l'émancipation des femmes et des minorités, Beauvoir a montré la voie de la liberté avec clarté. Sans tergiverser. Le constat sur la société occidentale et le patriarcat qui l'accompagne demeure sans appel et d'une terrible actualité : « Le fait est que ni les hommes ni les femmes ne sont aujourd'hui satisfaits les uns des autres[1]. »

C'est dans ce contexte de conflit plus ou moins latent entre les sexes que l'essor de la sexologie advient. Les individus sont insatisfaits et les couples ne s'y retrouvent plus. Avec le développement de la médecine moderne, de la psychanalyse puis de la sexologie aux XXe et XXIe siècles, des solutions pour panser/penser la sexualité voient le jour. « Désir » et « plaisir » ne sont plus des vocables honteux, ils deviennent des étendards pour une société plus juste et égalitaire. La prise en compte de la satisfaction sexuelle des femmes, leur libre accès à la contraception et la revendication d'une liberté de jouir comme elles l'entendent sortent l'orgasme de la littérature scientifique et des romans pour en faire une science du vivant. Une science qui se vit, qui se dit et qui sérieusement s'étudie.

Au XXe siècle, les définitions s'affûtent et les chercheurs d'orgasme se lancent dans des aventures courageuses, foisonnantes, voire rocambolesques parfois. Freud, avec ses *Trois Essais sur la théorie sexuelle*, représente le pionnier

---

1. *Ibid.*, p. 633.

de la pensée sur le sexe. Wilhelm Reich (son éminent disciple, qui connaîtra la chute dans une société où les excentriques étaient considérés comme des Icare) est l'un des plus grands penseurs et tenants des pouvoirs de l'orgasme sur l'humain. Dans un autre genre, les Mémoires de Casanova révèlent au lecteur l'envergure scientifique, humaine et littéraire d'un homme qui a voué sa vie au plaisir[1]. Du côté des femmes, Colette n'est pas en reste. Les créatrices surréalistes non plus (Dorothea Tanning, Claude Cahun, Unica Zürn, Lee Miller...)[2]. Et d'un point de vue scientifique Marie Bonaparte et Lou Andreas-Salomé viennent se frotter à l'expérience analytique freudienne autant qu'aux avancées de la médecine sexuelle[3]. Michel Foucault et son œuvre, ainsi que Jacques Lacan, Françoise Dolto, Gilles Deleuze et Félix Guattari préfigurent à leur tour une théorie d'un genre nouveau que l'on appelle dès la seconde moitié du XXe siècle « sexologie ». En la matière, Magnus Hirschfeld, Alfred Kinsey, John Money, William Masters et Virginia Johnson ou Shere Hite représentent les premières grandes figures de la sexologie et des travaux sur l'identité sexuelle ainsi que sur le désir et le plaisir sexuel. Partons donc à la découverte de ces pionniers[4].

---

1. G. Casanova, *Histoire de ma vie*, Gallimard, 2020.
2. M. Croset-Calisto, *La Femme surréaliste. De la métaphore à la métonymie*, L'Harmattan, 2013.
3. *Ead.*, *Lou Andreas-Salomé ou le Paradoxe de l'écriture de soi*, L'Harmattan, 2012.
4. J'ai fait le choix d'une liste non exhaustive et subjective.

Freud et la théorie sexuelle

Si je me suis autorisée en première partie de ce livre à pointer du doigt certaines dérives et rigidités du système psychanalytique, je tiens à souligner toutefois la pensée réflexive du maître de la psychanalyse, qui a érigé – avec son génie de l'observation et de l'intuition – un système de compréhension de l'humain sans égal. Dans ses *Trois Essais sur la théorie sexuelle*, Freud aborde les tenants et les aboutissants du plaisir grâce à son étude de la sexualité infantile. L'année 1905 annonce un début de siècle au parfum de scandale. L'enfant est destitué de son innocence, il se meut en petit « pervers polymorphe » pour lequel tout est bon du moment qu'il accède au plaisir. Dans son essai, Freud démontre comme le sexuel est partout, ce qui fait de lui le théoricien d'un certain pansexualisme (à ne pas confondre avec l'orientation sexuelle « pansexuelle »). D'un point de vue sexologique, l'apport de Freud dans la définition du principe de plaisir – donc de l'orgasme – est considérable et révolutionnaire. Ce n'est plus la reproduction biologique qui guide les pulsions sexuelles, mais la décharge d'une excitation associée au principe de plaisir. Enchevêtrement de la nature et de la culture : la satisfaction de la pulsion sexuelle provient de la chute de la tension physique procurée par l'orgasme. L'orgasme permet à Freud d'élaborer ses théories sur la sexualité et de dresser une nouvelle nosographie des perversions. La principale critique que l'on peut adresser toutefois au maître de la psychanalyse est d'avoir amputé la sexualité féminine de ses richesses, l'inscrivant dans le sillon direct de la sexualité masculine, sans prendre le temps ni avoir la curiosité d'aller au-delà du schéma vaginal et clitoridien que nous avons évoqué en première partie d'ouvrage. L'explication des névroses et de l'hystérie (dite féminine) a souffert de ces préjugés. Si Freud reconnaissait l'existence du plaisir clitoridien, il est passé à côté de sa fonction, ne voyant en cet organe qu'un succédané immature et infantile de la sexualité féminine.

Marie Bonaparte représente un exemple probant en matière de recherche dédiée à la jouissance féminine[1]. Convaincue d'être sexuellement immature et « frigide » parce qu'elle n'arrivait pas à connaître la jouissance vaginale, la princesse s'est penchée sur l'étude anatomique du sexe féminin pour tenter un pari : déplacer son clitoris, qu'elle jugeait trop éloigné du vestibule de son vagin, pour stimuler davantage l'ensemble des parties génitales lors du coït. Retenant la leçon de Freud professant que « l'anatomie, c'est le destin », Marie Bonaparte s'investit corps et âme dans la compréhension biologique de la sexualité féminine. Elle en tira un article « Considérations sur les causes anatomiques de la frigidité chez la femme », publié sous pseudonyme, ainsi que trois opérations chirurgicales, en 1927, 1930 et 1931[2]. Malheureusement, la motivation et l'investissement économique, scientifique et psychique de Marie Bonaparte n'arriveront à bout de son « symptôme ».

1. Princesse descendante de Napoléon, patiente et disciple de Freud.

2. Marie Bonaparte, sous le pseudonyme de A. E. Narjani, « Considérations sur les causes anatomiques de la frigidité chez la femme », *Bruxelles-Médical. Revue bi-hebdomadaire des sciences médicales et chirurgicales*, avril 1924.

Le déplacement du clitoris n'a pas suffi à ouvrir les portes du plaisir... L'histoire ne nous dit pas si Marie Bonaparte a pu faire la grande expérience de l'amour, ni comment elle cultivait ses fantasmes (deux moyens efficaces de changer le destin sexuel et d'arriver à l'orgasme). Car l'on sait bien à quel point une vraie rencontre amoureuse permet aux portes du plaisir, même les plus verrouillées, de parfois se dégripper...

C'est d'ailleurs ce que connut Lou Andreas-Salomé, autre patiente et disciple de Freud qui avait volontairement fait le choix de rester vierge jusqu'à ses trente-six ans (elle contracta un mariage blanc qui dura tout au long de sa vie avec Carl Andreas), avant de connaître finalement la jouissance auprès de plusieurs amants. L'admiration intellectuelle que Lou Salomé vouait à ces derniers permettait en général à son corps de s'enflammer. Lou Salomé représente un fort bel exemple de sapiophilie et même de *libido sciendi* où l'alchimie esthétique, poétique, intellectuelle crée de l'excitation érotique. En ce cas, le physique s'efface devant l'intelligence, qui devient l'origine de la passion amoureuse. Érudite, fortement intéressée par la question de la sexualité, Lou Andreas-Salomé incarne une des figures majeures ayant traité de la question de l'Éros auprès de Freud. Ses travaux sur le corps, le désir et l'érotisme viennent compléter ceux d'autres jeunes contemporains de Freud comme Ernest Jones, Wilhelm Reich ou encore les philosophes Charles Fourier et Hubert Marcuse.

La fonction de l'orgasme selon Wilhelm Reich

Wilhelm Reich fut l'enfant chéri du maître de la psychanalyse, avant d'en devenir l'enfant maudit... Par-delà le caractère atypique et controversé du créateur, ses travaux demeurent une référence. Reich était l'un des plus brillants psychanalystes des années 1920. Ayant connu la pauvreté, la guerre de 1914 et différents drames familiaux, il s'engage en politique et devient l'un des premiers théoriciens freudo-marxistes. Homme de science et de terrain, il s'aventure – grâce à ses théories analytiques et sa pratique clinique – sur le terrain foisonnant de la sexualité, plus précisément de l'orgasme. *L'Irruption de la morale sexuelle* (1931) est une étude originale sur le sexe et la société. Reich cherche à comprendre (et résoudre) les problèmes des névroses collectives en sondant les origines et les effets de la répression sexuelle. Puis il rédige *La Révolution sexuelle* (publié en 1945), où il démontre l'importance de la sexualité dans tout processus culturel. Mais c'est avec son livre phare, *La Fonction de l'orgasme* (1927), que Reich se positionne comme le véritable penseur et promoteur des plaisirs sexuels en général et de l'orgasme en particulier. Selon le spécialiste, le refoulement et la répression sexuels produisent « une grande névrose collective » pétrie d'angoisses et de recroquevillements. A contrario, le plaisir vise l'extension, il permet d'agir sur les frustrations et de réguler les tensions de toutes sortes. L'« orgone », cette énergie vitale que le corps produit au moment de l'orgasme devient le cheval de bataille de Reich. Il achète un domaine qu'il baptise Orgonon et où il construira un observatoire astronomique, un laboratoire constitué de « machines à orgones » (les accumulateurs d'orgones qu'il nomme OrAc) ainsi que plusieurs centres de dépistage et de recherche clinique qui lui vaudront de nombreux déboires éthiques et judiciaires.

Reich sera emprisonné au pénitencier fédéral de Danbury, dans le Connecticut, où il décédera le 3 novembre 1957, à l'âge de soixante ans. Génial créateur pour les uns, charlatan usurpateur pour les autres, Wilhelm Reich a défrayé la chronique. Il n'en demeure pas moins que ses travaux alimentent encore (voire de plus en plus) la pensée sexologique contemporaine. Pluridisciplinaire et scientifique hors pair, il apporte à l'histoire de l'orgasme ses lettres de noblesse avec des questions essentielles telles que : comment s'épanouir individuellement dans une société viciée, terrassée par la pulsion de mort et les névroses collectives ? Comment l'être humain peut-il faire face à la pression restrictive du groupe et des malaises dans la civilisation ?

La contribution de Reich à l'histoire de la sexualité n'est plus à démontrer. Imprégné des travaux de Kinsey, il deviendra lui-même précurseur de la sexologie moderne, allant jusqu'à produire « la formule de l'orgasme » qui inspirera bien d'autres chercheurs et sexologues après lui :

> La formule de l'orgasme : « 1. Les organes se remplissent de fluide : érection avec tension mécanique ; 2. Cela mène à une excitation intense que je suppose être de nature électrique : charge électrique ; 3. Dans l'orgasme, la charge électrique ou l'excitation sexuelle se décharge en contractions musculaires : décharge musculaire ; 4. Suit une relaxation

des organes génitaux sous l'effet du reflux des fluides corporels : relaxation mécanique. Ce rythme à quatre temps : tension mécanique > charge bioélectrique > décharge bioélectrique > relaxation mécanique [...] est ce que j'ai appelé la formule de l'orgasme »[1].

Le rythme à quatre temps de « l'orgasme reichien » inspirera notamment William Masters et Virginia Johnson dans la définition de leurs « quatre phases de l'orgasme ». De surcroît, Reich fait l'inventaire de tout ce qui relève de la « stase libidinale », c'est-à-dire des énergies sexuelles qui n'ont pu être « déchargées » et deviennent peu à peu de véritables « pestes émotionnelles » anti-orgasme. Voici quelques extraits de « peste émotionnelle » et d'attitudes qui, selon Reich, barrent la route à l'orgasme :

- des préliminaires soit absents, soit interminables ;
- l'absence de tendresse, de respect et d'écoute de l'autre ;
- une incomplétude de la décharge terminale (qui crée une « stase ») ;
- des érections « froides », quasi mécaniques ;
- un maintien de l'excitation sur une seule zone érogène et non pas l'érotisation de toute la personne ;
- un orgasme retenu et une décharge incomplète ou craintive suscitant une nervosité ;
- un sentiment de fatigue ou de dégoût envers soi ou l'autre[2].

1. Wilhelm Reich, *La Fonction de l'orgasme*, L'Arche éditeur, 1952, p. 216.
2. J. Bernat, « La fonction de l'orgasme selon Wilhelm Reich (1897-1957) », *Corps*, vol. 5, n° 2, octobre 2008, p. 115-116.

Décharges impossibles, absentes ou partielles, les « stases libidinales » laissent les individus en état de suspens, de flottement et d'insatisfaction. Véritable terreau des maladies psychiques et somatiques, les stases libidinales sont nombreuses et récurrentes. Sans orgasme total, c'est-à-dire sans une décharge excitatoire harmonieuse produite par la jouissance, point de salut. Cet inventaire à la Prévert démontre à quel point la sexualité est relationnelle, systémique, corporelle et psychologique. Multifactorielle somme toute. En résumé, l'apport de Wilhelm Reich à l'histoire de l'orgasme est formidablement riche et humaniste. Intuitifs, théoriques, cliniques, prospectifs, les travaux de Reich ont inquiété peu à peu. On l'a dit, il fut vilipendé, jusqu'à être emprisonné. Le régime nazi, mais également les académies scientifiques (Albert Einstein sera fasciné par l'homme, avant de l'ignorer), les institutions de psychanalyse, jusqu'à Freud lui-même choisiront de l'ostraciser. Pourquoi ? Parce que ses travaux ainsi que ses découvertes sur l'orgasme étaient bel et bien révolutionnaires. N'oublions pas que dans son roman *1984*, George Orwell (autre grand visionnaire) pointait comme Reich les facultés de subversion de l'orgasme dans le processus d'individuation et de révolte des humains face à l'acculturation revendiquée par les sociétés capitalistes et notamment celles ouvertement répressives.

« L'instinct sexuel sera éradiqué. Procréer deviendra une formalité annuelle, comme de faire renouveler sa carte de rationnement. Nous allons abolir l'orgasme », disent les slogans totalitaires du fameux livre d'Orwell.

Éros et civilisation selon Herbert Marcuse

C'est dans cet esprit à la fois analytique, sociologique et politique que le philosophe d'origine allemande Herbert Marcuse s'intéresse aux théories sur la sexualité de Freud, puis à celles de Reich. Il les reprend à son compte en y apportant sa contribution personnelle dans un essai publié en 1955 : *Éros et civilisation*[1]. Ce formidable ouvrage fait encore date de nos jours. Fondamentalement hégélien, attaché au principe d'utopie entrevu par Marx, Marcuse a cultivé sa vie durant le chemin de la confiance et de la liberté individuelle. Ces valeurs seraient en harmonie avec la civilisation et le système, qu'elles soutiendraient et enrichiraient, et inversement. Appartenant à l'école de Francfort des années 1930 auprès de Horkheimer et Adorno, Marcuse se situe du côté des engagements qui améliorent une société grâce aux actions humanistes, aux échanges harmonieux et aux politiques sociales se souciant de tous et ne laissant personne sur le carreau. Il croit au pouvoir subversif des marginaux, des étudiants, des chômeurs, des artistes. Sa critique de toute forme d'oppression politique et de pressions quotidiennes le pousse à la critique radicale d'un système qui confond bien-être et injonction, liberté et barbarie. En cela, relire Marcuse aujourd'hui confère un sentiment étrange d'expérience de répétition d'une histoire humaine et politique qui semble tourner en boucle. L'apport de Marcuse est d'avoir construit, dès les années 1950, un panel de

1. H. Marcuse, *Éros et civilisation*, Éditions de Minuit, 1963.

propositions applicables concrètement afin de « transformer le monde » (Marx) et de « changer la vie » (Rimbaud repris par les surréalistes). La question du réel, du possible et de l'émancipation face aux forces répressives (intrapsychiques ou politiques) se trouve au cœur de sa pensée. En tant que philosophe engagé, il se penche sur les questions de l'ontologie mais aussi des enjeux de la technicité de la société qui est la nôtre. Il n'est guère étonnant que les étudiants de Mai 68 l'aient choisi entre autres comme figure de leur révolution. Derrière le symbole égalitaire, l'accès au plaisir et à la sexualité qui s'émancipent du mensonge et de la transgression font recette (devoir « faire le mur » pour retrouver son ou sa partenaire n'était plus du goût de l'époque). Il s'agit alors de se rencontrer sans le couperet d'un surmoi sociétal, parental, politico-moral au-dessus des têtes. Assumer l'amour et la sexualité au grand jour devient un enjeu d'émancipation majeur. Voilà pourquoi aujourd'hui, avec du recul, Mai 68 ne représente plus à proprement parler une « libération sexuelle » (car de nombreux individus n'ont pas vécu les plaisirs ou les expériences dont on parle tant) mais plutôt ce que je nommerai en référence à l'Oulipo, un « ousexpo », c'est-à-dire un « ouvroir de sexualités potentielles ». Nouveaux scripts sexuels, nouveaux langages, nouveaux codes amoureux : Mai 68 n'a pas transformé fondamentalement le contenu de la sexualité des êtres – l'arrivée de l'ère numérique la transformera bien davantage – mais a produit les règles de nouveaux jeux amoureux. Et les codes ont changé surtout grâce à l'accès à la contraception et au droit des femmes de disposer librement de leur corps. A posteriori, Mai 68 représente donc un espace-temps où les possibles ont pu devenir réels. Qu'ils le soient devenus ou non relève de l'élan collectif et de choix individuels mais ce que nous retiendrons, c'est qu'en cette période *Éros et civilisation* se trouvaient en correspondance, en conversation. Attentif à la théorie de Freud selon laquelle « principe de plaisir » et « principe de réalité » (à la base de tout fonctionnement psychique) s'opposent à travers des conflits permanents, Marcuse a imaginé une voie qui « ne serait pas payée au prix d'une restriction quasi totale de la vie instinctuelle ». Le postulat de départ va être surmonté par Marcuse. Ce postulat est clair et développé depuis Hegel, Freud, Marx, Reich et Marcuse bien sûr, avec ses propres termes :

> La libre satisfaction des besoins instinctuels de l'homme est incompatible avec la société civilisée. La renonciation et le report de la satisfaction sont les conditions mêmes du progrès. « Le bonheur, dit Freud, n'est pas une valeur culturelle. » Le bonheur doit être subordonné à la discipline du travail en tant qu'occupation à plein temps, à la discipline de la reproduction monogame et aux lois de l'ordre social. Le sacrifice systématique de la libido, son détournement rigoureusement imposé vers des activités et des manifestations socialement utiles *est* la civilisation[1].

« Le sacrifice de la libido » qu'évoque Marcuse, renvoie aux « stases de la libido » décrites par Wilhelm Reich, stases à l'origine même selon lui des plus grandes névroses individuelles et collectives. Ce sacrifice peut

1. *Ibid.*, p. 15.

s'avérer rentable en bien des points, précise Marcuse dans son livre : progrès technique, mécanisation et standardisation de la vie, augmentation de la productivité... Toutefois, nous voyons bien aujourd'hui les limites de tels agir. Ne serait-ce qu'au niveau écologique puisque les ressources terrestres ne sont guère renouvelables... Et dans le domaine de la condition humaine, Marcuse se montre aussi clair que clairvoyant :

> Le développement du progrès semble être lié à l'intensification de la servitude. Dans tout l'univers de la civilisation industrielle, la domination de l'homme par l'homme croît en étendue et en efficacité. Cette tendance n'apparaît pas comme un recul accidentel et passager sur le chemin du progrès. Les camps de concentration, les génocides, les guerres mondiales et les bombes atomiques ne sont pas des rechutes dans la barbarie, mais les résultats effrénés des conquêtes modernes de la technique et de la domination. L'asservissement et la destruction de l'homme par l'homme les plus efficaces s'installent au plus haut niveau de la civilisation, au moment où les réalisations matérielles et intellectuelles de l'humanité semblent permettre la création d'un monde réellement libre[1].

La réponse du philosophe visionnaire face à une dialectique complexe, aux allures de ruban de Mœbius, est à trouver du côté de l'éros. Non point le dieu grec de l'amour, mais l'éros en tant que concept freudien qui fait de l'énergie sexuelle (pulsion de vie), un « accroissement quantitatif et qualitatif de la sexualité », la meilleure puissance face à thanatos (pulsion de mort).

---

1. *Ibid.*, p. 15-16.

L'apport de Marcuse est donc considérable. Partant de la pensée de Freud et de Marx mais aussi de la question de l'individuel sacrifié sur l'autel du collectif au nom du concept moderne de « civilisation », il propose de redéfinir les enjeux mêmes de ce concept à travers l'éros et la sexualité. Il s'agit alors pour Marcuse de transcender, ou comme il dit de « sublimer » le concept de civilisation. Il s'agit de libérer cette dernière des écueils et clivages qu'il dénote, entre liberté et répression, entre individuel et collectif, entre plaisir et technicité... au profit d'un état qui réconcilie principe de plaisir et principe de réalité sans toutefois les déconstruire, ni les dénier :

> Je formule dans ce livre la notion de « sublimation non répressive » : j'entends par là que les pulsions sexuelles, sans rien perdre de leur énergie érotique, dépassent leur objet immédiat et érotisent les relations non érotiques et anti-érotiques entre les individus, et entre eux et leur milieu. Réciproquement, on peut parler de désublimation répressive », c'est-à-dire d'une libération de la sexualité dans des modes et sous des formes qui diminuent et affaiblissent l'énergie érotique. Dans ce processus aussi, la sexualité s'étend à des domaines et des relations autrefois tabous ; cependant, au lieu que ces domaines et ces relations soient recréés à l'image du *principe de plaisir*, c'est la tendance opposée qui s'affirme : le principe de réalité étend son pouvoir sur Éros.[1]

Relire Marcuse aujourd'hui, c'est renouer avec l'histoire des pulsions et de la civilisation. C'est (re)trouver

1. *Ibid.*, p. 12.

également une voie nouvelle de réconciliation entre l'ontologie (l'être) et la phylogenèse (l'espèce) à travers une culture, à réécrire. Et ce par le biais de l'éros. L'éros dont la manifestation orgastique transcende les « stases de la libido », les névroses, les « pestes émotionnelles », la barbarie et « l'instinct de mort »…

Freud et Einstein : Éros face à Thanatos[1]

Petit retour en arrière. En 1932, alors que Hitler s'apprête à accéder au pouvoir tout en préparant sa future dictature nazie, la commission internationale de coopération intellectuelle de la Société des Nations (SDN) s'adresse à Einstein et Freud pour leur demander de réfléchir à la problématique du droit et de la violence, résumée sous le titre « Pourquoi la guerre ? »

Dans sa lettre de Potsdam datant du 30 juillet 1932, Albert Einstein s'adresse alors à Freud pour tenter de comprendre les rouages de la nature humaine dans son fonctionnement psychique. Il pose au psychanalyste trois questions essentielles – auxquelles le physicien apporte quelques réponses déjà – à propos de la guerre et des enjeux étatiques, sociétaux mais aussi psychologiques qu'elle engage :

- Existe-t-il un moyen d'affranchir les hommes de la menace de la guerre ?
- Comment est-il possible que la masse […] se laisse enflammer jusqu'à la folie et au sacrifice ?

1. M. Croset-Calisto, « Pourquoi la guerre ? Relire la correspondance entre Freud et Einstein », *Club de Mediapart*, avril 2016, https://blogs.mediapart.fr/magali-croset-calisto/blog/210416/pourquoi-la-guerre-relire-la-correspondance-entre-freud-et-einstein.

– Existe-t-il une possibilité de diriger le développement psychique de l'homme de manière à le rendre mieux armé contre les psychoses de haine et de destruction ?

À ces trois questions précises et révélatrices des passions nationalistes qui agissent déjà en sourdine dans l'Europe des années 1930, Freud répondra par une longue lettre dans laquelle il décortique les fondements du droit, de la violence et des pulsions humaines qui les régissent ; tout en précisant dès son introduction, que pour faire face à la violence, seule « l'union fait la force » : « L'on peut rivaliser avec un plus fort par l'union de plusieurs faibles. »

Le maître de la psychanalyse enchaîne avec les différentes pulsions (pulsions de conservation et pulsions agressives) qui se jouent en l'être humain et fomentent ses actions :

> Nous admettons que les instincts de l'homme se ramènent exclusivement à deux catégories : d'une part ceux qui veulent conserver et unir ; nous les appelons érotiques – exactement au sens d'éros dans le *Symposion* de Platon – ou sexuels, en donnant explicitement à ce terme l'extension du concept populaire de sexualité ; d'autre part, ceux qui veulent détruire et tuer ; nous les englobons sous les termes de pulsion agressive ou pulsion destructrice.
>
> Ce n'est en somme, vous le voyez, que la transposition théorique de l'antagonisme universellement connu de l'amour et de la haine, qui est peut-être une forme de la polarité d'attraction et de répulsion qui joue un rôle dans votre domaine. – Mais ne nous faites pas trop rapidement passer aux notions de bien et de mal. – Ces pulsions sont tout

aussi indispensables l'une que l'autre ; c'est de leur action conjuguée ou antagoniste que découlent les phénomènes de la vie.

La pulsion de conservation est une pulsion de maintien de l'être, de renforcement narcissique face aux envahissements internes ou externes vécus (pulsions libidinales non canalisées, pulsions d'agression, de séduction, de destruction). C'est aussi ce que Freud a appelé dans un texte de 1911 *Formulations sur les deux principes du cours des événements psychiques*[1], une « pulsion du Moi », c'est-à-dire un narcissisme garant du bon fonctionnement de l'appareil psychique, prenant en compte ce qui se joue « en soi » autant que « hors de soi ». La pulsion de conservation renvoie aux liens et engage une fonction sexuelle épanouissante, là où la pulsion agressive se définit par ses excès et ses visées de décharge destructrice. Reich et Marcuse se sont inspirés de ces avancées dans la compréhension de l'être et de la civilisation pour construire leur théorie sur la sexualité.

Or, comme le rappelle Freud, tout homme (et toute femme bien sûr aussi, les femmes kamikazes par exemple) porte en lui une pulsion d'agression. Au vu de cela, et pour reprendre la brûlante question d'Einstein, comment faire pour « diriger le développement psychique de l'homme de manière à le rendre mieux armé contre les psychoses de haine et de destruction » ? Comme à l'accoutumée, Freud ne s'encombre ni de tergiversations ni d'utopisme

1. S. Freud, *Formulations sur les deux principes du cours des événements psychiques*, PUF, 1984.

quant à la nature humaine, il propose de considérer l'humain à partir de son « inquiétante étrangeté » (concept établi en 1919) :

> Il ne s'agit pas de supprimer le penchant humain à l'agression ; on peut s'efforcer de le canaliser, de telle sorte qu'il ne trouve son mode d'expression dans la guerre. [...] Si la propension à la guerre est un produit de la pulsion destructrice, il y a donc lieu de faire appel à l'adversaire de ce penchant, à l'éros. Tout ce qui engendre parmi les hommes des liens de sentiments doit réagir contre la guerre.

Et voilà pourquoi les textes de Marcuse nous amènent directement à Freud avec lequel il n'a cessé de dialoguer à travers les espaces-temps... La réponse face à l'adversité passe, pour les deux hommes, par les sentiments, les liens humains et les unions. Elle passe également par le déploiement adéquat de la pulsion sexuelle et de l'éros venant contrebalancer (par leurs créativité et effets homéostatiques) les déviances d'une pulsion d'agression mal canalisée. Notons à ce propos que le rôle des sexologues et de la sexologie dans une société en plein chaos n'en demeure que plus essentiel... Mais ce n'est pas tout. Pour répondre aux questions soulevées par Einstein, Freud se réfère à la nécessité d'une présence politique et intellectuelle forte, capable d'élever les âmes autant que le sentiment d'être au monde, par le biais d'une responsabilisation individuelle, une éducation collective ainsi qu'une culture à grande échelle propice au pacifisme entre les peuples et les hommes : « Il y aurait lieu d'observer, dans cet ordre d'idées, que l'on devrait s'employer, mieux qu'on ne l'a fait jusqu'ici, à former une catégorie supérieure de penseurs indépendants, d'hommes inaccessibles à l'intimidation et adonnés à la recherche du vrai, qui assumeraient la direction des masses dépourvues d'initiative. » Et de conclure : « Tout ce qui travaille au développement de la culture travaille aussi contre la guerre. »

Aussi, dans le contexte actuel d'attentats, de guerres et de pandémie qui est le nôtre, relire la correspondance entre Freud et Einstein quant aux moyens d'enrayer les guerres revient à (re)découvrir les fondements psychiques de la nature humaine. Cela revient à (re)prendre conscience aussi de la nécessité de canaliser les pulsions destructrices que chacun porte en soi au profit de pulsions de vie et de l'instinct de conservation à l'origine de toute société démocratique. Cependant, comme nous l'a démontré Marcuse après Freud et Marx, une civilisation éclairée peut créer ses propres malaises, barbaries et systèmes de répression... Nous rallions alors la conclusion du philosophe allemand : seul l'éros *dans* la civilisation permettra de réconcilier et transcender pulsion de mort et pulsion de vie. L'orgasme en tant que décharge psycho-corporelle – mais aussi en tant que satisfaction partagée et revendiquée par la civilisation tout entière – permettrait de déjouer les conflits intrapsychiques et les névroses collectives. Cette piste n'est pas une boutade, elle repose sur des faits biologiques, analytiques, sociologiques et politiques fort sérieux. Si sérieux même que l'abolition des plaisirs et de toute forme de jouissance dans les minorités et les peuples opprimés est l'une des premières mesures indéniablement mises en place par les totalitarismes de tous bords ! Dans *1984*, George Orwell ne s'y était pas trompé : « L'instinct sexuel sera extirpé [...] Nous abolirons l'orgasme. Nos neurologistes y travaillent actuellement[1]. »

Étudier, analyser, théoriser « les fonctions de l'orgasme » convoque différents champs d'application qui font de l'orgasme une problématique universelle et « totale » qui trouve son application dans les différentes approches du soma et de la psyché humaine autant que dans les interactions sociétales. S'intéresser à l'orgasme, c'est plonger indéniablement dans l'histoire des hommes et des civilisations ; dans l'économie psychique et financière aussi (le sexe fait vendre, qu'il soit sur l'oreiller, numérique ou mécanisé) dans les intentions politiques des nations également. Voilà encore pourquoi, aujourd'hui encore, l'orgasme est un sujet brûlant et résolument révolutionnaire.

Les principaux théoriciens de la seconde moitié du XXe siècle et du début du XXIe siècle

Alfred Kinsey : le Dr Sexe du XXe siècle

Dans la lignée des premiers théoriciens de la sexualité, l'Américain Alfred Kinsey représente l'une des personnalités les plus brillantes et controversées de sa génération. Tels Freud, Reich, Marx, Fourier ou encore Marcuse, ce

1. G. Orwell, *1984*, Gallimard, 1950.

révolutionnaire dérange les oukases de la bien-pensance par ses avancées théoriques et cliniques. Entomologiste de renom, professeur passionné d'insectes et de zoologie, Kinsey accepte de donner des cours d'éducation sexuelle aux étudiants de son campus de l'Indiana. Son franc-parler et son approche clinique de la sexualité humaine (les tabous sont déconstruits au nom de la science et de l'apprentissage) déroutent très vite, pour ne pas dire « dérangent ». Ses deux publications de 1948 et 1953 sur le comportement sexuel de l'homme puis celui de la femme apportent alors à l'histoire ce qu'elle ne savait ni ne voulait voir jusqu'alors : le principe de réalité sexuelle. Oui, les hommes et les femmes dans leur grande majorité se masturbent. Oui, les hommes et les femmes ont des tendances homosexuelles ou bisexuelles régulières (pour la plupart refoulées). Oui, la majorité des femmes n'ont que peu de plaisir sexuel avec leur partenaire officiel. Non, la sexualité n'est pas innée. Oui, elle s'apprend… Simone de Beauvoir, qui a bien lu Kinsey, s'empare très vite du sujet pour dénoncer la (mauvaise) condition sexuelle des femmes dans le mariage :

> « Bien des femmes, en effet, deviennent mères et grands-mères sans avoir jamais connu le plaisir ni même le trouble […] Le rapport Kinsey indique que, en Amérique, un grand nombre d'épouses « déclarent considérer leur fréquence coïtale comme déjà élevée et souhaiteraient que leur mari ne désire pas des rapports aussi fréquents ». On a vu, cependant, que les possibilités érotiques de la femme étaient presque infinies. Cette contradiction manifeste bien

que le mariage prétendant réglementer l'érotisme féminin l'assassine[1]. »

« Dans beaucoup de milieux, les femmes ont aujourd'hui conquis partiellement leur liberté sexuelle. Mais c'est encore pour elles un difficile problème que de concilier leur vie conjugale avec des satisfactions érotiques. Le mariage n'impliquant généralement pas l'amour physique, il semblerait raisonnable de dissocier franchement l'un de l'autre [...] un pacte de liberté et de sincérité abolirait une des tares des mariages[2]. »

Reprises, commentées partagées dans le monde entier, les grandes enquêtes de Kinsey changent la vie et transforment le monde. Les stéréotypes volent en éclats, et l'Amérique (mais aussi l'Europe) découvre tantôt avec stupeur, tantôt avec joie le vrai visage de la sexualité humaine. Notamment le fait que l'orgasme vaginal est une exception dans la vie des femmes puisque seules un tiers d'entre elles accèdent à la jouissance grâce à la pénétration. De plus, Kinsey nous apprend aussi dès les années 1950 que :

- 48 % des hommes ont eu des désirs ou des expériences homosexuels ;
- 62 % des femmes déclarent se masturber ;
- 84 % des femmes stimulent leur clitoris et leurs lèvres pour avoir du plaisir ;
- 20 % des femmes seulement apprécient la pénétration vaginale ;

1. S. de Beauvoir, *Le Deuxième Sexe*, t. I, *op. cit.*, p. 249.
2. *Ibid.*, p. 420.

- 64 % des femmes se servent de fantasmes sexuels pour se stimuler ;
- 54 % des couples pratiquent les cunnilingus...

... ce qui, vous en conviendrez, diffère des archétypes de la famille et du couple américain des années 1950 ! Grâce aux travaux de Kinsey et à l'anonymat des témoignages qu'il propose, les plaisirs, les insatisfactions et les paraphilies (perversions) peuvent enfin se dire. Les pulsions et compulsions aussi. Le voile est levé. La vie des Américains diverge soudainement des représentations que l'on s'en fait. Les verrous sautent. Derrière la porte, « le Ça » freudien donne de la voix face au surmoi puritain. L'éclairage apporté par Kinsey souffle un vent d'ouverture et de liberté sur le monde. Mais qui dit « liberté », dit aussi « levée de boucliers » contre les joies et les puissances de la volupté. Le phénomène n'est pas nouveau : à chaque révolution sa contre-révolution. L'effet de balancier entre ouverture et restriction, entre liberté et répression agit comme un piston infernal qui fait avancer sans fin « la bête humaine » : « Les deux rapports Kinsey mettent l'accent sur une disjonction sociale dès le milieu du XXe siècle. Les pratiques sexuelles des anti- se distinguent nettement de celles du petit peuple par une liberté plus affirmée et un accent mis sur la recherche du plaisir érotique (caresses communes, le "petting")[1]. »

Kinsey fonde en 1947 un Institut pour la recherche sexuelle, rebaptisé plus tard Institut Kinsey pour la

1. S. Barmak, *Jouir. En quête de l'orgasme féminin*, *op. cit.*, p. 308.

recherche sexuelle, le genre et la reproduction. Il est associé à l'université de l'Indiana, à Bloomington, et existe toujours. En Europe, l'université de Berlin s'est spécialisée dans la question et possède un fonds d'archives exceptionnel. Il est à noter que la première faculté de sexologie voit le jour à Genève en 1972. En France, la Société française de sexologie clinique (SFSC) apparaît dès les années 1970 et l'Association interdisciplinaire post-universitaire de sexologie en France (AIUS) accomplit actuellement un travail dynamique, utile et reconnu internationalement. En Suisse, le fonds d'archives Chalumeau s'est récemment transformé en « Centre Maurice-Chalumeau en sciences des sexualités ». Il a été inauguré à l'université de Genève en novembre 2020.

Les études relatives à l'étude et la recherche sur les sexualités se démocratisent et s'institutionnalisent. De quoi avoir de bons espoirs quant à l'avenir des sciences des sexualités humaines, laissées tant d'années au rebut par la recherche.

William Masters et Virginia Johnson : le couple « sexpert »

Des remous, William Masters (gynécologue) et Virginia Johnson (psychologue) en ont également connu durant leurs recherches sur l'orgasme. Dans le sillage de leurs prédécesseurs, ces chercheurs passionnés ont dû faire face à bien des embûches et des coups bas durant leurs enquêtes cliniques inédites (jusqu'à déménager leur laboratoire de recherche au fin fond des banlieues américaines). Leur but ? Améliorer la compréhension physiologique et psychique de l'orgasme. Car finalement que se passe-t-il concrètement quand deux personnes font l'amour ? Thème tabou et impensable jusqu'alors, l'étude du plaisir (et non de la reproduction), de ses mécanismes et de ses dysfonctions était restée en friche jusqu'au milieu du XXe siècle. Avec eux, le concept de « réponse sexuelle[1] » est créé ; les phases de l'orgasme sont mesurées, observées et validées sur plus de trois cents femmes, et autant d'hommes.

Leurs travaux sur l'orgasme permettent d'établir une nomenclature qui est toujours utilisée de nos jours. À l'instar des quatre temps de la formule de l'orgasme de Reich, les travaux de Masters et Johnson établissent quatre phases constitutives du cycle de l'orgasme :

- la phase d'excitation sexuelle (le désir, les frissons, la chaleur, voire la lubrification) ;
- la phase de plateau (l'exquise attente induite par la mise en tension) ;
- la phase d'orgasme (l'instant de décharge, la submergeabilité de l'être) ;
- la phase de résolution (le relâchement des tensions musculaires, le bien-être).

Qu'il s'agisse d'orgasme masculin ou féminin, les travaux de Masters et Johnson révèlent que les réponses physiologiques observées chez les partenaires sont identiques, et ce quels que soient le mode et la localisation de la stimulation (clitoridienne/vaginale ou pénienne/anale

1. W.H. Masters et V.E. Johnson, *Human Sexual Response*, Little, Brown and Co, 1966.

par exemple)... De quoi renforcer la thèse de l'orgasme « global » soutenue en première partie de ce livre !

De même, si les résultats de Masters et Johnson confirment que les hommes subissent une période dite « réfractaire » après l'orgasme[1], cela n'empêche pas ces messieurs de ressentir de nouveaux plaisirs, à l'instar de l'orgasme prostatique ou du tantrisme. D'un point de vue neurobiologique, l'orgasme présente des caractéristiques précises : libération de dopamine, d'endorphines et d'ocytocines (neurotransmetteurs du désir, du plaisir, des sensations de bien-être et de l'attachement qui poussent à renouveler l'expérience). Comme le présupposait Freud, il nécessite avant tout des principes de lâcher-prise et de disponibilité, deux conditions nécessaires à tout orgasme en général.

Aujourd'hui encore, les travaux des deux sexologues constituent une référence dans le milieu scientifique. Grâce à leurs observations comptabilisant plus de dix mille orgasmes, Master et Jonhson ont donné à l'étude de la sexualité un statut de science médicale. Le succès de la série *Masters of Sex* (2013-2016) – qui présente la vie et l'œuvre des deux sexologues – a réussi également à démocratiser l'approche sexologique auprès du grand public. Le modèle de réponse sexuelle fut affiné au fil du temps : la sexothérapeute austro-hongroise Helen Singer Kaplan, en 1971, a dissocié « désir » et « excitation » dans la phase 1 pour en faire deux phases successives.

1. Cela correspond à l'impossibilité d'éjaculer à nouveau, durant quelques minutes à plusieurs heures, l'âge et l'hygiène de vie influant grandement sur ces facteurs.

Mais sans conteste, Masters et Johnson marquent et marqueront durablement l'histoire de la sexologie, grâce à leur ouverture d'esprit, leur persévérance clinique et leur audace inégalée.

Lacan et la jouissance

Pendant ce temps, en France, un psychanalyste souffle le chaud et le froid sur la pensée contemporaine. Dans le sillon de Freud, il souhaite faire de la sexualité un nouveau champ d'investigation. Plus que « les fonctions de l'orgasme », ce sont les processus de jouissance qui convoquent l'attention de Jacques Lacan. En désaccord profond avec la thèse de Simone de Beauvoir sur la sexualité et l'altérité (sur le sexe comme lieu et moyen d'échange, de liberté et d'éventuel terrain égalitaire entre les êtres), le psychanalyste refuse de discuter la chose avec Beauvoir, déclarant que la sexualité obéit tout entière à la loi du langage. Jacques Lacan, au fil de ses séminaires – dont les fameux « Encore » (séminaire XX) ou « Le désir et son interprétation » (séminaire VI) –, révèle alors la force de ses ambitions, et le maintien de ses formules légendaires (« Il n'y a pas de rapport sexuel... » ; « la femme n'existe pas... » ; « le manque à être... » ; « la logique du pas-tout... ») sont autant de concepts que le psychanalyste tente de distiller urbi et orbi.

L'enjeu de son séminaire « Encore » est énoncé tout de go : « Arriver à faire sortir du nouveau sur la sexualité féminine[1]. »

1. J. Lacan, *Encore. Séminaire XX*, Le Seuil, 1975, p. 54.

Si ses disciples le suivent en tout, pour tout et partout (rôle même du « disciplinat »), des voix s'insurgent fréquemment contre cet homme aux propos abscons et aux pratiques cliniques expéditives. Aujourd'hui encore, les débats « pour ou contre Lacan » font toujours rage ; si les leçons du psychanalyste font encore recette à l'étranger, comme en Argentine par exemple, force est de constater qu'il est en perte de vitesse d'une manière générale et que son apport dans le champ sexologique demeure symbolique. Il est d'ailleurs difficile de rencontrer Lacan dans le champ sexologique à proprement parler. Hors de leur champ psychanalytique, les formules de Lacan peuvent mousser sans faire mouche. Le problème (comme bien souvent en psychanalyse) est que l'approche de Lacan gomme le corps au profit du langage. L'aspect relationnel de l'acte sexuel se voit effacé, les corps sont annihilés et la rencontre devient impossible. Voilà pourquoi « il n'y a pas de rapport sexuel ». Parce que la sexualité s'annule dans le discours. Un discours propre à chacun qui, malgré son désir, est amené à ne jamais comprendre et toujours rater son/sa partenaire. Chaque sexe trouve en l'autre le support qui lui permettra d'échafauder son imaginaire sexuel, son langage propre, mais non celui de l'autre. Le corps jouit de l'autre, mais la jouissance n'unit pas les deux sexes. Voilà pourquoi le « rapport » s'affirme par son absence, sa béance, son « trou », susceptible seulement d'être comblé par le langage, comme l'explique aussi le philosophe et psychanalyste Slavoj Zizek : « La jouissance est ce qui ne peut être symbolisé, sa présence dans le champ du signifiant n'est détectable que par les trous et les manques de consistance de ce champ ; le seul signifiant du manque dans l'Autre, le signifiant de son inconsistance. [...] la fonction du fantasme est de servir d'écran pour cacher cette inconsistance[1]. »

Extrêmement virulent à l'égard de Simone de Beauvoir (qui lui avait adressé son *Deuxième Sexe* et à qui il n'a pas souhaité véritablement répondre), Lacan ne démord pas du fait que le rapport sexuel doit être reconstitué par le discours et uniquement le discours (séminaire XIV). Les questionnements sur l'orgasme, la génitalité, l'égalité des sexes, la question de la sexualité au sens freudien, reichien, marcusien ne font point partie de ses élaborations théoriques. En courte réponse à Beauvoir, il écrira les formules suivantes, balayant d'un revers de manche toute la question historique, sociologique, philosophique et même sexologique que la femme de lettres dresse dans les deux tomes du *Deuxième Sexe* :

> Il n'y a pas de deuxième sexe à partir du moment où entre en fonction le langage. Ou, pour dire les choses autrement, en ce qui concerne ce qu'on appelle l'hétérosexualité, l'*hétéros*, mot qui sert à dire autre en grec, est dans la position de se vider en tant qu'être pour le rapport sexuel. C'est précisément ce vide qu'il offre à la parole que j'appelle le lieu de l'Autre, à savoir où s'inscrivent les effets de ladite parole[2].

1. S. Zizek, *Métastases du jouir des femmes et de la causalité*, Flammarion, 1994, p. 53.
2. J. Lacan, *Ou pire. Séminaire XIX*, Le Seuil, 2011, p. 69.

Dans son livre dédié au clitoris, la philosophe Catherine Malabou commente cette citation de la manière suivante : « Par ces formules difficiles, Lacan affirme que chaque sexe construit son propre discours en l'adressant à un Autre qui n'est pas l'autre avec qui l'on fait effectivement l'amour, mais un tout Autre que l'on ne connaît pas, véritable objet du désir, à qui l'on parle et qui ne correspond pas et ne correspondra jamais avec la personne physiquement présente[1]. »

Le problème pointé également du doigt par Catherine Malabou est que Lacan avec son effacement des corps et de la rencontre (au profit du langage et du désir) renvoie les femmes dans « la catégorie généralisante de l'Autre » que Beauvoir s'était donné tant de mal à déconstruire justement. Dialogue de sourds. Lacan ne veut pas répondre à Beauvoir sur son terrain de jeu. Le pourrait-il ? Rien n'est moins sûr. Par-delà les enjeux sociétaux de lutte des classes ou des sexes, c'est tout d'abord la psyché qui intéresse le maître à penser. Voilà pourquoi la jouissance féminine selon Lacan « ne passe pas par le corps » mais par « ce qui résulte d'une exigence logique dans la parole »[2]. Ainsi, la jouissance féminine ne peut être qu'Autre (tout ce que Simone de Beauvoir combattait). Lacan a nommé cela « la jouissance supplémentaire » ou encore « la jouissance pas-toute ». Cette jouissance se retrouve notamment dans les grandes extases mystiques telles celle de sainte Thérèse (« elle jouit, sainte Thérèse », dit Lacan…) ou encore saint Jean de la Croix.

1. C. Malabou, *Le Plaisir effacé. Clitoris et pensée*, *op. cit.*, p. 56.
2. J. Lacan (*Encore*) cité dans Malabou, *op. cit.*, p. 15.

> La jouissance féminine, en tant que supplémentaire, ne nie pas le phallique, plutôt s'en sert-elle autrement pour lui dérober une autre jouissance. C'est que la logique du *pas-tout* n'exclut pas le phallique. Au contraire, elle emporte sa limite : il n'est pas tout. C'est seulement en posant cela que l'on peut dire que le *pas-tout* est au-delà du phallique. En cela, le *pas-tout* ouvre la possibilité d'une pratique de « l'ab-sens », de la faille dans l'Autre qui ne passe pas par le colmatage de l'objet, qui n'implique pas le tamponnage par la suppléance phallique et qui n'intime pas nécessairement au sujet sa disparition dans la jouissance de l'Autre. La jouissance féminine comme jouissance Autre implique cet au-delà et le *pas-tout* suppose, sur un bord, cet arrimage au phallique[1].

Chez Lacan, la jouissance est un « hors-corps » qui vient amputer de fait toute une partie du discours socio-sexologique que le XXe siècle s'est empressé justement de construire pour mieux comprendre les rapports de pouvoir et de classes (domination/soumission). Car il en va d'un nouveau rapport au corps (si longtemps oublié ou malmené), au sexe et aussi au genre. Le discours sexologique s'attache autant à la biologie qu'à la psychologie. L'orgasme se nourrit d'images, de symboles, de rencontres et de sensations. Mettre le focus uniquement sur la jouissance selon Lacan nous ferait donc rater l'orgasme. Car le rendez-vous avec l'orgasme n'est pas une mince affaire (la quatrième partie annonçant les « orgasmes du futur » confortera les mots et la chose).

---

1. C.-N. Pickmann, « Colette Soler, *Ce que Lacan disait des femmes* », *Figures de la psychanalyse*, vol. 10, n° 2, 2004, p. 200-206.

Face à la répétition d'un rapport toujours manqué chez Lacan, la sexologie cherche à composer avec le réel et l'imaginaire pour en faire des lieux sur lesquels élaborer de nouveaux paradigmes psychocorporels. Symboliser la jouissance impossible, cette part manquante, cet élément « supplémentaire » qui échappe à toute définition, voilà l'un des rôles de la sexologie contemporaine.

Foucault et l'histoire de la sexualité

Dans notre tour d'horizon historiographique des penseurs de la sexualité en général et de l'orgasme en particulier, Michel Foucault tient une place à part. Le projet du philosophe était colossal : dresser en plusieurs volumes une « histoire de la sexualité ». Une histoire mouvante, transdisciplinaire et aussi singulière qu'universelle. Michel Foucault publiera les trois premiers volumes de l'*Histoire de la sexualité* de son vivant : *La Volonté de savoir*, *L'Usage des plaisirs* et *Le Souci de soi*[1]. Le quatrième volume, impropre à la publication selon l'auteur, sera repris et publié finalement en 2018 sous le très beau titre *Les Aveux de la chair*[2]. Dans cette tétralogie, Michel Foucault dresse des ponts entre l'individuel et le collectif, entre le corps sexué et le corps social. La jouissance y apparaît comme un univers complexe, doté d'une empreinte historique et politique indéniable. L'apport de Foucault est majeur,

1. *Histoire de la sexualité*, t. I, *La Volonté de savoir*, Gallimard, 1976 ; t. II, *L'Usage des plaisirs*, Gallimard, 1984 ; *Histoire de la sexualité*, t. III, *Le Souci de soi*, Gallimard, 1984.
2. *Ibid.*, t. IV, *Les Aveux de la chair*, Gallimard, 2018.

pour ne pas dire capital, dans la compréhension de la sexualité humaine. L'objet du philosophe est triple. Il s'agit de comprendre comment la sexualité est devenue un objet de savoir ; comment elle a été mise en discours au fil des siècles ; comment ces divers discours dont elle a fait l'objet (philosophique, moral, médical, analytique et sexologique) ont alimenté les mécanismes du pouvoir.

Résumons brièvement ce que nous enseigne Foucault. Une liberté des corps et du sexe s'est déployée jusqu'au début du XVIIe siècle, puis la sexualité à des fins reproductives s'est imposée. Un système de répression de gestes et de paroles a produit en parallèle des lieux extérieurs destinés au sexe illégitime (les maisons closes, les parcs, etc.). À la fin du XIXe siècle, Freud lève le voile sur les pratiques sexuelles – et les enjeux individuels et sociétaux qu'elles engagent – grâce à son discours scientifique et thérapeutique. Enfin, le XXe siècle s'est penché de près sur la question sexuelle au moyen d'interventions « lourdes » avec l'apparition de la sexologie. Mai 68 étant pour Foucault le point d'orgue de la libération des plaisirs.

Sur les traces de Foucault, Robert Muchembled met en avant, dans son ouvrage *L'Orgasme en Occident*[1], le caractère mystérieux, quasi vénéneux, du sexe dans l'histoire de l'humanité. Il rappelle aussi que Foucault, au fil de ses analyses, fait du sexe « la raison de tout ». Car la sexualité, comme je vous le propose depuis le début de ce livre, touche passionnément, éperdument, incontestablement

1. R. Muchembled, *L'Orgasme en Occident*, Points, 2005.

la vie des êtres et des sociétés. Les liens étroits entre information, éducation et répression instiguée par les autorités dirigeantes apparaissent au grand jour, par le biais de l'étude diachronique que le philosophe en fait. Quatre paradigmes surgissent de cette mise en place de mécanismes de pouvoir « propres à la bourgeoisie » selon Foucault[1] :

- l'hystérisation du corps de la femme réalisée par la médecine ;
- la pédagogisation du sexe de l'enfant destiné à endiguer de graves périls, notamment l'onanisme ;
- la socialisation des conduites procréatrices par l'encadrement de la fécondité des couples et l'accentuation de leur « responsabilisation » ;
- la psychiatrisation du plaisir pervers, pour mieux reconnaître les anomalies et pathologies à soigner.

Ces quatre thèmes sont toujours au cœur des discours et des théories sexologiques du XXIe siècle.

Shere Hite, figure de la sexologie moderne

Face au système patriarcal qui entretenait stéréotypes et inepties sur la sexualité des femmes, Shere Hite décida de créer ses propres enquêtes sur le sexe afin de recueillir une parole venant des principales intéressées. En 1976, elle envoie plus de trois mille questionnaires aux Américaines qui, sous couvert d'anonymat, peuvent lui révéler, comme à Kinsey en son temps, leur vraie sexualité. À l'instar de l'ouvrage *Comportement sexuel*

1. *Ibid.*, p. 33.

de la femme (1953), « le Rapport Hite » fait l'effet d'une bombe. Vingt ans après les révélations du Dr Kinsey, les femmes ne jouissent toujours pas avec leur partenaire ! Pire... 70 % déclarent encore ne pas accéder à l'orgasme par le biais de la pénétration (dite) vaginale. En revanche, la majorité affirment accéder à la jouissance grâce à des stimulations adéquates, c'est-à-dire clitoridiennes. Difficile à entendre pour la classe dominante. Serait-ce l'une des raisons de l'ostracisation et des harcèlements subis par la chercheuse ? À l'instar de Virginia Johnson, qui dut essuyer des critiques relatives à sa vie de femme libre, Shere Hite (qui s'est lancée seule, sans protection à ses côtés, dans une société fondamentalement puritaine et machiste) fut l'objet d'un hallali sans nom dès la sortie de son ouvrage. Son statut d'ex-mannequin (qui avait posé pour *Playboy*) et l'immense succès de son livre publié à cinquante millions d'exemplaires suscitèrent haine et jalousie. Les médias la caricaturèrent à outrance et l'Université ne lui offrit ni le statut ni la protection escomptés. Son second ouvrage, publié en 1983, *Le Rapport Hite sur les hommes* – consacré donc aux hommes cette fois – n'arrêtera pas le déferlement de violence à son égard. Shere Hite est obligée de quitter l'Amérique pour rejoindre l'Europe. Face à tant de haine, elle renoncera même à sa nationalité et s'installera en Allemagne, puis travaillera pour l'université Nihon, au Japon. Fortement décriées à leur époque, ses enquêtes représentent aujourd'hui un exemple probant de modélisation d'enquêtes et de sondages. Elles sont devenues une référence. Visionnaire, créant sa propre méthode empirique, au plus proche de la pratique (à l'instar de Kinsey ou de Masters et Johnson), Shere Hite contribua à sortir la sexologie du carcan théorique ou médical pour l'ancrer durablement dans les sciences humaines et sociales. Dans un silence médiatique aussi lourd que révélateur de l'omerta toujours en place à notre époque, la chercheuse mourut en Grande-Bretagne, en septembre 2020, dans la plus grande indifférence. De quoi faire réfléchir sur notre société et les différentes formes de répression toujours en cours (auprès des femmes et des minorités surtout, quels que soient les lieux où elles s'expriment : sexologique, universitaire, estudiantins, blogueurs).

Parce que la sexualité est une donnée médico-psycho-socio-affective, elle possède une histoire qui touche autant l'individuel que le collectif. À ce titre, elle représente un domaine brûlant que la biographie et les actions des grands penseurs de la sexualité ne cessent de confirmer. Sexualité, individualité et culture sont indissociables. C'est pourquoi la sexologie contemporaine doit avoir un rôle non seulement pacificateur et scientifique sur les questions intimes, mais aussi prospectif et humaniste, afin – voilà un grand paradoxe – de désérotiser autant que possible la question de la sexualité au nom d'une objectivité constructive, réfléchie et garante du respect de chacun.

Un paradoxe demeure cependant. Si les sciences sexologiques et la santé sexuelle progressent, si les langues se libèrent et que les rendez-vous en cabinet de consultation se démocratisent, le discours sur la sexualité en général et sur l'orgasme en particulier relève toujours de la sphère privée. Malgré le travail de vulgarisation de Freud, Kinsey, Masters et Johnson, Foucault ou Shere Hite, le thème reste toujours très sensible. Je dois dire que mon expérience personnelle en tant que sexologue rejoint ces considérations. Ce métier ne laisse personne indifférent et ne peut se dire et se faire sereinement dans toutes les strates de notre société. La vigilance est régulièrement de mise, d'autant plus lorsqu'on est une femme. « Ça » intrigue, « ça » désarçonne ou « ça » dérange. Car parler de sexualité en général renvoie toujours à l'intimité de chacun, lieu même des affects, des conflits internes et des secrets personnels, plus ou moins refoulés. Aussi parler d'orgasme et de sexualité aujourd'hui n'est toujours pas chose facile. Peur, fuite, suspicion, hostilité représentent des réponses communes... sans compter les curiosités mal placées ou les grivoiseries qui rabaissent le débat sexologique bien en dessous de la ceinture. Mon métier me permet d'attester qu'aujourd'hui encore, un malaise dans le discours sur la sexualité demeure. Et plus le sexe s'affiche dans les médias, plus il semble disparaître de la sphère privée. Il suffit de considérer le retard où se trouve le système scolaire dans l'éducation à la sexualité (ainsi que les parents face à leurs enfants dans la prévention et l'information à ce sujet) pour considérer la forte nécessité d'améliorations en la matière. Le thème de la sexualité n'est toujours pas ancré de manière positive et objective. Il est toujours connoté. Et le discours sur l'orgasme n'échappe pas à la règle puisqu'il questionne le fond même des principales frustrations humaines (les « stases de la libido », selon Reich). Pour exemple, la pratique de la simulation féminine mais aussi masculine depuis la résurgence du préservatif existe toujours. L'insatisfaction ne se dit pas, elle ne se montre pas, bien au contraire ! Simuler une satisfaction lorsqu'il n'y en a pas, serait-il encore d'une fréquente actualité ?

Chapitre 2

De la simulation à la stimulation

> « — *Je veux que tu jouisses en même temps que moi, dit-il. Tu veux ? Tu me diras : c'est maintenant...*
> *Je pensai avec agacement : voilà ce qu'ils ont trouvé : la synchronisation ! Comme si ça prouvait quelque chose.* »
>
> *Les Mandarins*, Simone de Beauvoir, 1954

La question de la simulation a parcouru bien des époques et jalonne toujours la vie des couples. Outre la transmission culturelle du fameux « devoir conjugal » dans l'inconscient collectif, des parades sont apparues dans la vie des femmes pour faire face à l'injonction sociétale du « tout-jouir ». Sous la houlette des médias, qui insistaient sur le fait que seul l'orgasme (« vaginal ») menait au bonheur sexuel, les femmes ont dû redoubler d'ingéniosité pour faire croire à leurs partenaires que tout allait pour le mieux dans le meilleur des mondes. Pourquoi ? Les raisons sont nombreuses. Quant aux hommes, depuis l'arrivée des préservatifs qui masquent plus ou moins s'il y a eu éjaculation ou non, nombreux sont ceux qui ont succombé aux sirènes de la simulation. Là encore, les raisons sont multiples. Voyons un peu.

Une simulation peut en cacher une autre

« Dis-moi… Tu as joui ? » Question ô combien fréquente de la part des hommes et réponse ô combien difficile pour les femmes… Dire oui (lorsque seulement 30 % des femmes connaissent l'orgasme en couple) confronte à l'expérience du mensonge et de la dissimulation ; dire non risque d'enclencher des dommages collatéraux dévastateurs : perte de confiance, orgueil masculin blessé, malaise, gêne, insatisfactions et frustrations dans les couples.

En effet, entre un mensonge négocié avec soi-même qui génère des répercussions positives sur le partenaire avec un renforcement de ses capacités sexuelles (et donc de son narcissisme) ou une vérité avouée qui enclenche des doutes, des angoisses de performance voire des reproches, le constat est vite fait. Et la solution souvent toute trouvée ! Aussi, la simulation est une cause entendue pour la plupart des femmes, qui révèlent qu'il semble plus facile pour elle de simuler que de s'expliquer lorsqu'elles ne jouissent pas, et ce au nom :

- du « devoir conjugal » (ce terme revient en force dans les discours des jeunes femmes depuis quelques années, « le devoir conjugal » demeure une réalité genrée inscrite dans le fonctionnement de la vie des couples, même en 2022…) ;

- de leur charge mentale (impossible d'être performante partout, il s'agit de se reposer avant tout) ;
- de leur tranquillité (mieux vaut avoir un rapport de cinq minutes qui se passe bien et mettre le partenaire de bonne humeur plutôt qu'un rapport frustrant et fastidieux qui engage des effets délétères ensuite) ;
- de leur empathie et de leur générosité légendaires (répondre au désir de l'autre est toujours une bonne chose, « ça lui fait tellement plaisir »...) ;
- de leur résistance et de leur liberté personnelle face à l'injonction du « tout-jouir » que véhiculent les médias depuis une trentaine d'années (« je suis libre de simuler si je veux ! ») ;
- de leur image d'elle-même aussi (simuler peut aussi apporter une jouissance personnelle, par le truchement du jeu, le sentiment de dominer la situation, la conviction que cela apaise et améliore les choses...).

C'est pourquoi la simulation est *in fine* une réalité des échanges amoureux qui permet de s'extraire de bien des problématiques complexes, plus douloureuses encore que celle de la simulation en elle-même. En général, les femmes négocient bien avec la simulation. Cela existe depuis la nuit des temps et s'ancre même davantage. Pourquoi ? Parce que de plus en plus de femmes revendiquent une liberté face à la dictature de l'orgasme masculin. L'enjeu s'avère politique et genré. C'est-à-dire un argument de reprise de pouvoir face aux injonctions patriarcales qui se nichent jusque sous les draps : simuler, pour les femmes, c'est décider concrètement de la durée d'un rapport. Simuler, c'est sortir du cadre imposé. Simuler, c'est s'extraire des codes genrés. Simuler, c'est jouer. Simuler, c'est faire le pas de côté. Simuler, c'est affirmer un souffle de liberté.

> — Je veux que tu jouisses en même temps que moi, dit-il. Tu veux ? Tu me diras : c'est maintenant…
>
> Je pensai avec agacement : voilà ce qu'ils ont trouvé : la synchronisation ! Comme si ça prouvait quelque chose ; comme si ça pouvait tenir lieu d'entente. Même si nous jouissions ensemble, en serions-nous moins séparés ? Je sais bien que mon plaisir n'a pas d'écho dans son cœur, et si j'attends le sien avec impatience, c'est seulement pour être délivrée. Cependant j'étais vaincue : j'acceptais de soupirer, de geindre ; pas très adroitement j'imagine, puisqu'il me demanda :
>
> — Tu n'as pas joui ?
>
> — Si, je t'assure[1].

Depuis des années, les femmes doivent sans cesse se justifier quand elles n'ont pas de désir ou de plaisir sexuel. De plus, de nombreux hommes insistent pour venir en cabinet de consultation avec leur femme parce qu'elle ne les désire plus et qu'il faut à tout prix faire quelque chose pour régler ce problème (« faites quelque chose, soignez-la, docteur ! »…). Je vous laisse entrevoir les questions possibles derrière cette habitude

1. S. de Beauvoir, *Les Mandarins*, 1954, cité dans J. Brachier, *Écrire le désir*, Omnibus, 2019, p. 215.

sociétale qui fait que la plupart des femmes se sentent coupables de ne pas éprouver de plaisir avec leur époux (on constate que cela se retrouve moins souvent d'ailleurs lorsqu'il s'agit d'un amant ou d'un début de relation par exemple). Or, les maris pour la grande majorité ne se remettent guère en cause dans leur responsabilité face au phénomène. Comme le rappelle Philippe Brenot, lors du premier rapport sexuel, 74 % des hommes affirment avoir atteint l'orgasme contre 6 % des femmes[1]. Et pour les rapports qui suivent, 90 % des hommes affirment atteindre l'orgasme à chaque fois contre 16 % des femmes seulement. Et en attendant la fin de cette « dictature de l'orgasme », l'anthropologue et sexologue soutient également que la simulation peut être une parade au conflit. Sur les 3 404 femmes qu'il a pu interroger en 2012, 53 % déclaraient y avoir déjà eu recours.

En 1949, Simone de Beauvoir ciblait déjà les dissymétries dues au schéma patriarcal, avec les répercussions individuelles et sociétales que cela générait :

> La femme est exclusivement définie dans son rapport avec l'homme. L'asymétrie des deux catégories mâle et femelle se manifeste dans la constitution unilatérale des mythes sexuels. On dit parfois « le sexe » pour désigner la femme, c'est elle qui est la chair, ses délices et ses dangers : que pour la femme ce soit l'homme qui est sexué et charnel est une vérité qui n'a jamais été proclamée parce qu'il n'y a personne pour la proclamer. La représentation du monde comme le monde lui-même est l'opération des hommes ; ils le décrivent du

1. P. Brenot, *Les Femmes, le sexe et l'amour*, Les Arènes, 2012.

point de vue qui est le leur et qu'ils confondent avec la vérité absolue[1].

La domination masculine et l'invisibilité des femmes durant des siècles ont fait que les enjeux de pouvoir masculin/féminin se sont nichés au cœur de la sexualité, jusque dans l'expression même de la jouissance. Si la simulation a pu attester historiquement un acte de soumission ou de protection volontaire (pour satisfaire le mari, par peur des critiques malvenues, par devoir conjugal), il apparaît dans les témoignages actuels que la simulation libérerait les femmes des carcans patriarcaux. Elle les rendrait plus actives, voire plus épanouies que si elles ne simulaient pas. En se focalisant non plus sur son désir (ou absence de désir), mais sur le simulacre de la jouissance, certaines femmes déclarent s'extraire de l'acte déplaisant ou ennuyant – comme du partenaire qui impose son rythme – au profit d'une évasion libératrice, créative voire stimulatrice parfois de plaisir auto-érotique. Car à force de simuler, il est possible de se prendre au jeu. En effet, concentrées sur la simulation de leur propre jouissance, les femmes en oublient l'extérieur pour se connecter à elles-mêmes et être en lien finalement avec leur plaisir (simulé ou non) : « L'homme commet une grave erreur quand il prétend imposer à sa partenaire son propre rythme et qu'il s'acharne à lui donner un orgasme : souvent il n'arrive qu'à briser la forme voluptueuse qu'elle était en train de vivre à sa manière[2]. »

1. S. de Beauvoir, *Le Deuxième Sexe*, t. I, *op. cit.*, p. 244.
2. *Ibid.*, p. 180.

Paradoxalement, si la simulation peut représenter ainsi une voie de sortie, elle joue également comme une porte d'entrée dans leur sexualité. Voie de sortie d'une sexualité non pas partagée mais subie. Porte d'entrée dans une sexualité autocentrée grâce au simulacre qui, s'il est pleinement joué, mène souvent à des sensations nouvelles et surtout des fantasmes propices à l'érotisation de soi. Succédané d'une jouissance, la simulation connecte le corps et l'esprit sur les rives d'un plaisir feint qui peut éventuellement finir par se déployer et devenir réel. Nullement dans la rencontre avec son partenaire certes, mais dans une rencontre inattendue avec soi-même. Or, cet inattendu peut créer des surprises. Et un certain nombre de femmes qui simulent disent éprouver finalement du plaisir à le faire. Renforcement narcissique, renforcement égotiste, renforcement érotique, renforcement d'une toute-puissance sur l'homme (sentiment de revanche), renforcement de l'ego et de la satisfaction du partenaire (même les plus aguerris ne peuvent savoir réellement si leur partenaire a véritablement joui...), la simulation offre de nombreux avantages qui peuvent rééquilibrer les couples et surtout donner aux femmes qui n'éprouvent pas de jouissance avec leur compagnon, une expérience auto-érotique et sensuelle. C'est déjà ça.

Parler de simulation aujourd'hui est salutaire pour deux raisons. Premièrement parce que la sexualité a changé. Deuxièmement parce que la sexualité n'a pas changé !

Commençons par le second point : la sexualité n'a pas changé. Évoquer et mettre en avant la simulation dans cet ouvrage consiste à témoigner du discours des femmes de seize à quatre-vingt-cinq ans, notamment celles que je reçois en cabinet de consultation. Si les femmes simulent encore aujourd'hui, c'est parce que la sexualité est toujours pétrie de clivages et de codes ancestraux qui rendent les femmes (hétérosexuelles) passives et les hommes actifs ; les femmes dominées, les hommes dominants, les femmes réceptacles, les hommes producteurs (de sperme et de plaisir), etc. La notion de devoir conjugal imprègne toujours le discours des jeunes filles et l'expression « la position de l'étoile de mer » est récurrente dans les couples qui viennent consulter pour hypolibido féminine ou même « frigidité ». Mais la « frigidité » (terme ô combien machiste), si elle existe (la réponse est dans la formulation), signifie dans la plupart des cas[1] une jouissance de soi par la privation de jouissance imposée à l'autre. « Je jouis de ne pas te donner ce que tu souhaites et m'imposes », disent la plupart des femmes considérées par leur partenaire comme « frigides ». « Jouir de ne pas jouir de l'autre » est à la base de toute forme de révolte face à une sexualité souvent imposée ou conditionnée (y compris dans le couple). Les grèves du sexe menées par certaines minorités reprennent à leur compte la revendication d'une privation au nom d'un abus, d'une « castration », d'une agression voire d'une négation de leur identité (corporelle ou psychique). Refuser de faire l'amour est une arme absolue brandie par certaines femmes. Dans une société patriarcale, le no-sex demeure la punition absolue : « Au lit, la femme fait payer au mâle

1. Écartons les personnes ayant vécu des traumas bien sûr.

par une froideur insultante tous les affronts qu'elle estime avoir subis[1]. »

La privation de sexe est un moyen drastique pour lancer un message fort à l'égard du partenaire. La privation désigne en général une réponse à un conflit, voire une agression. La taxation de « frigide » désigne la réponse des hommes à cet embargo. Plutôt que de revenir sur le conflit ou l'agression (réelle, symbolique) que leur compagne ressent, bon nombre préfèrent la stigmatiser (« Elle est frigide ! ») et ne pas se remettre en question. Or, comme nous le rappelle ce cher Dr Kinsey, « il n'empêche que des siècles durant, quantité de femmes ont été jugées anormales, "frigides", ou coupables en quelque sorte de manquer à leur devoir parce qu'elles remettaient en cause le modèle androcentrique de la jouissance partagée[2] ».

La simulation est un moyen plus souple d'exprimer sensiblement la même chose (réponse suivant un conflit, un ressentiment ou même de l'ennui), tout en gardant le rapport sexuel mais avec un contrôle latent, subversif, stratégique. Le partenaire n'y voit souvent que du feu (même les plus aguerris, vous dis-je) et cela peut durer des lustres. Voire la nuit des temps.

Cependant, la sexualité a changé aussi. Pourquoi ? Parce que depuis quelques années les injonctions au « tout-jouir » et le diktat du « tout-vaginal » ont tendance à s'effriter. La publication récente de certains ouvrages comme *Sortir du trou* ou *Au-delà de la pénétration* révèle

1. S. de Beauvoir, *Le Deuxième Sexe*, t. I, *op. cit.*, p. 176.
2. *Ibid.*, p. 49.

les changements de paradigme en cours et confirme la thèse que l'orgasme (dit) vaginal ne fait actuellement plus recette pour celles qui ne l'apprécient pas[1]. De plus, au vu des statistiques qui nourrissent désormais à tout-va les médias, certains hommes qui gardent leur rôle d'« étalon pénétrant » savent qu'ils s'exposent dans 70 % des cas, à une simulation (une partie des autres refusent de voir le problème). De quoi briser la spirale infernale de la mésentente et faire de la sexualité hétérosexuelle un terrain de jeu où les hommes ont à apprendre de nouvelles modalités de jouissance. Attention, je ne dis pas que l'orgasme vaginal est désuet et ne peut satisfaire les femmes (une femme sur trois l'apprécie beaucoup), je dis simplement qu'il expose davantage les hommes à subir une simulation. Les femmes peuvent trouver dans ce rituel une libération propice au jeu érotique. À l'instar des propos de la journaliste Maïa Mazaurette, il est possible d'affirmer que les femmes d'aujourd'hui sont bel et bien en train d'inventer à travers la simulation assumée et revendiquée, une « nouvelle culture ».

Quant aux hommes qui jurent qu'« on ne la leur fait pas », il serait intéressant de ressortir les extraits de certains films tels l'orgasme simulé de Meg Ryan dans *Quand Harry rencontre Sally* (1989) ou encore les simulations plus vraies que nature des « filles » de Madame Claude dans le film du même nom (2021).

En résumé, il apparaît que la simulation est toujours un enjeu majeur de la vie des couples. Derrière ce constat

1. M. Mazaurette, *Sortir du trou*, Anne Carrière, 2021 ; M. Page, *Au-delà de la pénétration*, *op. cit.*

réside le fait que l'orgasme représente dans l'inconscient collectif le Saint-Graal, le but ultime de toute relation épanouie. L'orgasme vient, d'une certaine manière, couronner les délicieux vertiges que des plaisirs « autres » peuvent procurer. La simulation est la marque d'une concurrence entre les plaisirs d'une part et la focalisation voire l'obsession de l'orgasme d'autre part. Elle signifie la priorité de la jouissance sur la sensorialité et l'érotisme. La quête de l'orgasme est toujours le but d'un rapport sexuel. Alors que le but justement, peut aussi être le chemin qui mène à l'orgasme... Sensualité, érotisme, zones érogènes, frissons, émotions, passions, baisers profonds... autant d'actes et de ressentis qui peuvent engendrer de nombreuses pâmoisons ; moins expressives et intenses que celles de l'orgasme, mais tout aussi profondes et épanouissantes... Pourquoi alors simuler si le plaisir est au rendez-vous ? Si la simulation est passée d'une fonction de sanction-privation à celle d'une émancipation-auto-érotisation, son absence peut révéler aussi un rapport sexuel « réussi ». Ce qui signifie un rapport sexuel dénué de la dictature de l'orgasme au profit d'une rencontre *des* plaisirs. La satisfaction érotique et sensuelle devient le but de l'échange amoureux ; et s'il a lieu l'orgasme fait office de cerise sur le gâteau, mais une cerise qui n'occulte pas le socle sur laquelle elle repose, bien au contraire. Une cerise qui sait rester à sa place de cerise – certes rutilante et appétissante – mais cerise et puis c'est tout. Poursuivons la métaphore culinaire : si la cerise met l'eau à la bouche, c'est le gâteau qui alimente les papilles et crée le souvenir de la fête. Incontestablement, les saveurs de la sexualité sont toujours-déjà à réinventer.

Du côté des hommes, c'est la même chose. Mais de manière plus inattendue encore. Selon les statistiques mais aussi les témoignages recueillis en cabinet de consultation, si actuellement deux tiers des femmes déclarent simuler, c'est également le cas pour un tiers des hommes ! Comment est-ce possible ? Eh bien, on constate cela depuis que les hommes utilisent des préservatifs ! En effet, grâce à cet étui de latex, il est possible pour un homme de faire croire qu'il a éjaculé sans le faire. Concrètement, il suffit pour un homme de se retirer après l'acte sexuel, d'enlever discrètement le préservatif et d'aller le jeter, sans que sa partenaire sache si son amant est allé « jusqu'au bout » ou non… De nombreux hommes qui souffrent d'anéjaculation (absence d'éjaculation), de troubles de l'éjaculation ou qui ont encore de multiples rapports ou partenaires et n'arrivent plus à suivre physiologiquement (il est difficile d'éjaculer plus de trois fois par jour), se disent rassurés par cette possibilité de simuler l'orgasme sans avoir à prouver leur éjaculation. Notons au passage que l'éjaculation correspond encore dans l'imaginaire collectif (masculin et féminin) à la jouissance. Or, éjaculer ne veut pas forcément dire « jouir ». Les éjaculations incontrôlées (adolescents), nocturnes, les *milking* (éjaculations mécaniques dues à une pression sur la prostate lors des massages prostatiques) prouvent que l'un est indépendant de l'autre. Et puis tous les hommes le savent, d'une éjaculation à une autre, le plaisir diffère aussi. L'orgasme varie et peut même être manqué, malgré la décharge spermatique. « Misère et splendeur du préservatif, voilà l'histoire sexuelle de la seconde moitié du XXe siècle », nous révélait déjà l'écrivain Philip Roth ! Mais revenons à la simulation pour dissimuler une anéjaculation (absence d'éjaculation). Les causes de ce trouble sont multifactorielles. Le fait de ne pas éjaculer peut provenir de blocages psychologiques à la suite d'expériences difficiles, de problèmes physiologiques ou iatrogènes[1], mais aussi de la prise de médicaments ou d'opérations spécifiques (opérations de la prostate avec éjaculation rétrograde par exemple) qui empêchent l'érection ou l'expulsion extérieure du sperme. Il peut s'agir aussi de conséquences de masturbations compulsives ou d'addictions sexuelles (trop de rapports ou de masturbations dans la journée, trop de sensibilisations – et donc de désensibilisations – péniennes, plus assez de réserves pour éjaculer donc...) ou encore la consommation de certains produits, tel le cannabis, qui altèrent les sensations et requièrent plus de stimulation pour enclencher une éjaculation. *In fine*, les raisons qui mènent à une anéjaculation peuvent être nombreuses et, avec l'utilisation des préservatifs, bon nombre d'hommes ont compris que la simulation leur permettait d'accompagner le plaisir et la jouissance de leur partenaire, et ce « jusqu'au bout » sans y parvenir pour autant eux-mêmes. Car si les femmes sont victimes de l'injonction à l'orgasme, les hommes le sont aussi. Avec toujours, comme je le disais, cette confusion qui perdure entre jouissance et éjaculation : dans l'inconscient collectif, un

1. Se dit d'un trouble, d'une maladie provoqués par un acte médical ou par des médicaments.

homme qui n'éjacule pas est un homme qui n'a pas joui. Or, si le but n'est plus l'orgasme mais bien le chemin qui mène à l'orgasme, les hommes qui n'éjaculent pas n'ont plus besoin de simuler pour affirmer qu'ils éprouvent un plaisir intense à faire l'amour.

Il faut dire que l'orgasme rassure. De nombreuses femmes se sentent également honorées et renforcées dans leur pouvoir de séduction lorsqu'un homme éjacule (« Il a joui »). J'ai plusieurs fois reçu des épouses qui se plaignaient de n'être plus désirables aux yeux de leur mari parce que ce dernier n'arrivait plus à éjaculer : « Je ne l'excite plus »... Si le désir dans le couple est à sonder, la véritable raison d'une anéjaculation se trouve souvent ailleurs. Et pour les hommes qui décident de simuler (pour ceux qui utilisent des préservatifs dans le cadre des rapports intimes, ce qui est rare chez les couples durables...), les raisons s'apparentent à celles des femmes qui font de même : rassurer la partenaire, éviter les conflits, renforcer son ego, se libérer des codes établis, trouver un plaisir auto-érotique dans l'acte, etc.

Une fois de plus, il apparaît que la sexualité se fonde sur une dictature orgasmique qui enferme les couples dans une course à la performance. Ne pas jouir signifierait ne pas éprouver de plaisir. Ce qui est bien sûr faux. Encore faut-il pouvoir trouver le temps du plaisir sans performance, c'est-à-dire d'un plaisir « long », avec des phases de stimulation, de caresses, d'expériences, de tendresse... ou encore de passion, d'effusion, de frissons, mais pas forcément de simulation. Tant que le plaisir se vit et se dit, il peut sortir des oukases de l'orgasme à tout prix…

Faire le pari du chemin des plaisirs et non de l'orgasme lui-même pour aboutir à la jouissance est finalement le meilleur moyen de… rencontrer l'orgasme ! Et pour filer prosaïquement la métaphore culinaire, une bonne galette des Rois est toujours savoureuse, même lorsque l'on n'obtient pas la fève.

La stimulation ? Oh my gode…

> « Nous ne savons renoncer à rien. Nous ne savons qu'échanger une chose contre une autre. »
>
> Sigmund Freud

De la simulation à la stimulation, il n'y a qu'une lettre et parfois qu'un pas. Ce pas, c'est généralement celui de la motivation, secondé par toute une panoplie d'inventions, personnelles ou techniques. Dans *Les Technologies de l'orgasme*, Rachel Maines retrace l'histoire des vibromasseurs et replace le clitoris au centre de la jouissance féminine[1]. Cet essai de 2007 qui a fait grand bruit à sa sortie offre une grille de lecture à plusieurs entrées : historique, anthropologique, analytique, sociologique et

1. R. Maines, *Les Technologies de l'orgasme*, Petite Bibliothèque Payot, 2009.

évidemment sexologique, comme le souligne Alain Giami dans sa préface au livre.

Aussi, au fil des siècles, l'insatisfaction a été considérée comme la cause de nombreux troubles fonctionnels et mentaux des femmes : irritabilité, dépression, excitation permanente, hystérie, etc. C'est pourquoi, si l'on suit le déroulement de Maines, le « modèle androcentrique de la sexualité est impuissant à rendre compte du vécu féminin[1] ». Ce qui ne signifie pas que tous les hommes passent à côté de la compréhension des femmes, mais plutôt que le modèle actuel de domination masculine (même s'il est en révolution depuis #MeToo) relègue les représentations et la compréhension de la jouissance féminine au placard et à la maison (tout type de maison, tant qu'elle est bien fermée : couvent, cellule familiale ou maison close !).

Par peur du grand défoulement s'opère le grand refoulement.

C'est ainsi que la psychiatrisation de l'hystérie féminine, de la nymphomanie, mais aussi de la « frigidité » ou du « manque à jouir » des femmes est devenue l'apanage d'une certaine misogynie autant qu'un leitmotiv de toute une société début de siècle. Jusqu'à Mai 68, il s'agissait pour les femmes de jouir, oui, mais en privé, selon les velléités de l'époux et en mode « orgasme vaginal », cela va de soi. Pour reprendre les mots de Foucault, « l'hystérisation du corps de la femme » a servi à protéger un système patriarcal androcentré, jusque dans la sphère

1. *Ibid.*, p. 51.

même de l'intime. Et Rachel Maines de confirmer ce à quoi l'on a encore régulièrement affaire dans les cabinets de consultation, à savoir la situation d'une femme « pas du tout » ou « beaucoup trop » portée « sur la chose » : « On l'envoyait consulter un médecin, ce qui présentait le double avantage de ne pas léser l'amour-propre de son partenaire sexuel et de préserver la norme androcentrique de la pénétration, condition de l'orgasme masculin[1]. »

Voilà pourquoi il est urgent d'apprendre aux hommes qui ne les ont pas les codes de la jouissance féminine. Il est urgent qu'ils aillent par eux-mêmes (grâce à des tutos, documentaires, lectures, consultations sexologiques...) chercher certaines clés plutôt que de rejeter exclusivement la faute (et la culpabilité) sur leur compagne. Plutôt que de repenser la sexualité masculine en créant des points de rencontre avec la sexualité féminine, l'Occident, durant des siècles, a préféré mettre en place des stratégies de contournement et a « soigné » ces femmes en « mâle » de plaisir (défiance, opprobre, psychiatrisation, rejet des femmes qui jouissent trop ou pas assez, injonction au mariage...). C'est dans ce contexte que sont apparus, au XIXe siècle, les premiers vibromasseurs thérapeutiques. Et jusqu'en 1920, comme le rappelle Maines, masser les patientes jusqu'à l'orgasme faisait partie du « tout-venant des gestes thérapeutiques ».

Néanmoins, l'histoire des sextoys n'est pas née d'hier puisque les premiers objets de plaisir – nommés *olisbos* – datent de plus de deux mille cinq cents ans ! Les

1. *Ibid.*, p. 108.

Chinois, les Égyptiens et les Grecs utilisaient déjà des godemichés pour leurs vertus bénéfiques sur le corps et l'esprit. La légende dit que Cléopâtre, pour stimuler son clitoris, se frottait le pubis avec un cornet en papyrus rempli d'abeilles bourdonnantes…

Quant au premier (réel) vibromasseur, il fut inventé en 1869 en Angleterre par un certain George Taylor. L'orgasme provoqué était censé « calmer la femme tout en soulageant névralgie et migraine » *(sic)*. En France, les premiers vibromasseurs sont apparus entre 1878 et 1883 à la Pitié-Salpêtrière grâce au Dr Vigouroux (cela ne s'invente pas) au moment historique où les techniques d'électrostimulation thérapeutique étaient en plein essor. Les premiers vibromasseurs traitaient tout d'abord les douleurs musculaires puis, dès 1880, les médecins en utilisèrent officiellement pour soigner les femmes sujettes à l'« hystérie ». Ce terme désignait alors toutes formes de maladies féminines allant de la simple irritabilité aux faiblesses physiques plus prononcées. Inventé pour venir seconder mécaniquement les efforts fournis manuellement par les médecins de la ville, le vibromasseur (en stimulant les zones intimes des patientes qui venaient consulter) dévoila très vite des vertus thérapeutiques « à sensation », si j'ose dire. Cette histoire fit l'objet du film britannique *Oh My God !* (2011) et se retrouve sous la plume de Maines, qui rappelle combien « la sexualité féminine a été, depuis toujours, considérée comme une maladie ».

Au fil du temps, force est de constater que la technologie à des fins médicales s'est mise au service du commercial en proposant des vibromasseurs à piles qui non seulement massent, mais aspirent, vibrent et tournent. Le vibromasseur devient connu et reconnu : les publicités américaines du début du XXe siècle le présentent comme un produit du quotidien qui permet de « relaxer » les femmes. En parallèle, une démocratisation de l'objet apparaît aussi dans les premiers films érotiques des années 1920 :

> Le camouflage social qui assimilait le vibromasseur à un instrument médical à usage domestique et professionnel a subsisté sans grands changements avant de disparaître progressivement des cabinets de médecins et des pages de la presse respectable [...] quand il ressurgira dans les années 1960, le vibromasseur n'aura plus rien d'un instrument médical, et il se démocratisera très vite : à tel point que dix ans tard il sera purement et simplement vendu comme gadget érotique[1].

Puis les « vibros » basculent du registre érotique au registre pornographique. Ils vont alors rester confinés dans des milieux spécialisés et être plus ou moins tabous en France, jusque dans les années 1960-1970, période où une nouvelle démocratisation s'opère. Chacun cherche son « god ». Le passage de la médicalisation et de l'objet pornographique au concept de l'objet « bien-être » est en cours. Comme le souligne Alain Giami,

> le détour historique opéré par Rachel Maines aura permis de comprendre l'évolution des pratiques médicales dans le domaine de la sexualité, ainsi que la migration de ces

1. *Ibid.*, p. 70.

> pratiques et de leurs significations entre des univers qui s'ignorent, qui parfois se combattent, mais qui peuvent aussi être liés de façon souterraine et inattendue : le cabinet médical, l'univers de la production domestique, la vente par correspondance, les sex-shops et… la préfecture de police[1].

Le succès des séries américaines des années 1990 et 2000 (*Desperate Housewives*, notamment) ont fait exploser le commerce des sextoys, jusqu'à ce qu'ils finissent par envahir les supérettes, parfumeries et hypermarchés. Véritables industries du plaisir, les firmes créatrices d'objets érotiques regorgent d'ingéniosité pour offrir au public toute une gamme d'accessoires ludiques et variés. En latex ou silicone, de forme phallique, animale ou boomerang, à usage clitoridien, vaginal ou anal, il y en a pour tous les goûts. Car avec la tendance du « porno chic », les sextoys ne sont désormais plus l'apanage des célibataires, ils intègrent la vie des couples qui s'inspirent de ces objets pour décupler leurs plaisirs, ou tout simplement apporter une touche ludique à leur quotidien[2].

---

1. *Ibid.*, p. 27.
2. Étude Ifop pour Le Passage du Désir.fr réalisée par questionnaire auto-administré en ligne du 27 au 30 novembre 2020 auprès d'un échantillon de 2 012 personnes, représentatif de la population âgée de 18 ans et plus résidant en France métropolitaine.

L'orgasme thérapeutique : quand le plaisir soigne

Une révolution via l'orgasme thérapeutique a donc sonné grâce à (ou à cause de ?) l'utilisation des sextoys qui, depuis une dizaine d'années, connaissent une véritable intronisation dans la sexualité des célibataires et des couples. Force est de constater aussi que la pandémie de Covid-19 a accentué le phénomène[1]. En sexologie, l'usage des accessoires intimes est régulièrement prescrit dans le traitement des dysfonctions sexuelles ou en tant qu'objet de déplacement dans un cadre addictologique par exemple (pour traiter certaines addictions sexuelles). C'est aussi un moyen d'aborder une sexualité différente (masturbatoire) lorsqu'un désaccord apparaît dans un couple. Mais malgré les efforts des grandes industries en la matière (lesquelles ont joué la carte du design et du côté ludique), des progrès restent encore à faire pour conjuguer thérapie et sexualité : « Il est temps que des constructeurs réfléchissent à un godemiché adapté à la physiologie du périnée féminin en tenant compte des connaissances médicales récemment acquises et non présupposées[2]. »

Quant aux messieurs qui redouteraient d'être « dépassés » par la mécanique du plaisir qu'offrent les sextoys à leur compagne, qu'ils se rassurent, le marché regorge désormais

---

1. Nous en détaillerons les raisons et effets en dernière partie de ce livre.
2. O. Buisson, *Qui a peur du point G ?*, *op. cit.*

d'accessoires à usages spécifiquement masculins, qu'ils soient péniens ou prostatiques : « On trouve aujourd'hui sur le marché le Fleshlight STU (Stamina Training Unit), un masturbateur ressemblant à une lampe-torche : l'usager introduit son pénis en érection dans "l'insert" et imprime la cadence voulue jusqu'à satisfaction[1]... »

Lorsqu'une parité apparaîtra dans l'usage domestique des sextoys et que la gent masculine en utilisera aussi aisément que la gent féminine (car cela reste un grand tabou), il est à parier qu'une nouvelle donne se jouera dans les relations hommes-femmes. Émancipées de leur fonction d'« objet sexuel » devant répondre à l'injonction de la pénétration masculine, les femmes pourront jouir comme elles l'entendent, sans forcément se sentir en « devoir » de répondre aux attentes relevant des codes d'antan. La pénétration rendue possible par les sextoys masculins (péniens) permet aux hommes de se libérer de leurs habitudes vagino-centrées pour explorer de nouvelles zones érogènes, au nom d'une sexualité plus variée, moins contraignante et sûrement plus épanouissante pour le couple. Aujourd'hui, beaucoup d'hommes apprécient que leur compagne jouent avec un sextoy durant les rapports. Mais *quid* pour eux-mêmes ? Sont-ils prêts ? Car les femmes ne sont pas en reste, et nombreuses ne seraient pas contre le fait que « leur homme » trouve du plaisir avec un accessoire plutôt que de devoir jouer les « femmes-objets » ou les simulatrices lorsqu'elles n'ont pas envie de

1. S. Zizek, *Métastases du jouir des femmes et de la causalité*, *op. cit.*, p. 11.

sexe… De plus les sextoys péniens masculins – par la masturbation nouvelle qu'ils procurent – permettent aussi de traiter certains troubles tels que l'éjaculation précoce ; ils peuvent s'intégrer totalement dans la panoplie d'« outils » sexologiques et intimes permettant aux hommes d'améliorer leur performance et leur plaisir. L'idée d'un sextoy sur ordonnance n'est pas si incongrue que cela. Encore une fois, elle permettrait de libérer les femmes du fameux « devoir conjugal » tout en apportant aux deux sexes la possibilité de mieux découvrir en solo ou en duo, leur fonctionnement sensoriel et sexuel. Les sextoys n'ont pas vocation à remplacer la rencontre mais participent plutôt de l'étayage de la sexualité. Ils donnent la possibilité d'accéder à des orgasmes propices au renouveau des couples en général et des individus en particulier.

Si la simulation peut apporter, comme nous l'avons vu, une stimulation mentale et corporelle durant l'acte sexuel, la stimulation est donc un moyen de sortir des non-dits que sous-tend parfois la simulation. En résumé, simulation et stimulation sont deux mécanismes différents qui se suppléent, se dissocient et se conjuguent.

Chapitre 3

Orgasme : les peurs, les tabous et les troubles

« L'érotisme est un pouvoir sexuel sans bornes, illimité, démesuré. Il faut le craindre. »

Marquis de Sade

Parler d'orgasme, de sextoys et de nouveaux plaisirs n'est pas forcément chose aisée. Par ailleurs, la plupart des hommes depuis #MeToo oscillent entre l'idée qu'il s'agit d'une avancée et une certaine forme de crainte. Avancée car un bon nombre considèrent désormais le patriarcat comme une impasse ; d'où les craintes. Car la majorité ne sait pas comment se défaire des schémas d'une masculinité par trop « masculine » justement, qui induit clivages et inégalités entre les sexes. Depuis quelques années une nouvelle donne semble cependant s'instaurer.

Troubles dans la masculinité : nouveau marqueur ontologique et sexologique de notre société

C'est un fait, le modèle de l'homme viril et de la domination masculine sur lequel s'est construite la société occidentale (dénoncé par Pierre Bourdieu en son temps et par le mouvement #MeToo actuellement) a perdu de son pouvoir auprès de la jeune génération. Ivan Jablonka dans son ouvrage *Des hommes justes. Du patriarcat aux nouvelles masculinités* a analysé le parcours qui a conduit aux « failles du masculin » et à ce qu'il nomme « la justice de genre »[1]. Cependant, la remise en cause de l'identité masculine n'est pas sans susciter quelques stupeurs et tremblements auprès de plusieurs générations d'hommes dont le souci de plaire se confronte à l'imaginaire guerrier inculqué au fondement même de notre société. Comme le soulignait le sexologue Philippe Brenot en 2012, les couples des années 2000 se sont davantage construits sur une « sexualité relationnelle », laquelle implique l'égalité des échanges et la remise en cause de l'autorité masculine. Dès lors, une « menace sur la virilité » est apparue dans la mesure où la performance sexuelle des hommes dépendait désormais de la réciprocité de leur relation et donc de la prise en compte du désir de leur partenaire. De nombreux hommes se sentirent déchus de leur position de sujet omnipotent pour devenir objet du regard des

1. Ivan Jablonka, *Des hommes justes. Du patriarcat aux nouvelles masculinités*, Le Seuil, 2019.

femmes et de leurs attentes (y compris sexuelles). Puis le mouvement #MeToo est venu signifier ouvertement la fin de l'empire du mâle dominant – pour combien de temps… ?

La question qui se pose alors est de savoir ce que signifie être un homme aujourd'hui. La déconstruction du masculin et la féminisation qui s'en sont suivies chamboulent les hommes en quête d'eux-mêmes (pas les autres). Depuis la révolution sexuelle de Mai 68, la mise en cause de la domination masculine les interroge dans leur identité profonde (même si Mai 68 ne représente qu'une des clés de lecture pouvant expliquer la mutation en cours). Le paradoxe est que plus la société devient égalitaire et libérée, plus les angoisses des hommes s'amplifient. Car déconstruire la domination masculine et les figures ancestrales de l'autorité revient – dans l'imaginaire de nombreux hommes – à s'attaquer à leur faculté érectile. Et c'est là que le bât blesse. Beaucoup d'hommes (et de femmes !) ont du mal à résoudre l'équation entre le respect, la tendresse, le partage des tâches d'un côté et les moments de désir, d'amour et de sexualité d'autre part, avec l'inattendu, le lâcher-prise et l'explosivité qu'ils revendiquent.

Aussi, la question sous-jacente des hommes qui consultent aujourd'hui en sexologie s'avère plus ontologique que thérapeutique. Elle concerne le sens de leur existence auprès des femmes ainsi que leur rôle dans notre société. « À quoi servons-nous ? » semblent-ils proclamer en chœur. Le fait est que l'homme moderne ne sait plus où se situer, il ne comprend plus ce qui est attendu de lui (socialement, culturellement, familialement, sexuellement...) et se perçoit souvent comme inutile, voire accessoirisé. Et lorsque les doutes s'emparent de l'être, la sexualité bien souvent se gâte...

C'est pourquoi, paralysés par l'angoisse, certains cherchent alors refuge dans une sexualité de performance qui leur permettra de prouver et se prouver « qui ils sont vraiment ». Mais là encore c'est compter sans l'émancipation de certaines femmes qui osent désormais déclarer leur désir haut et fort. Et le spectre de la femme fatale, insatiable et castratrice (re)surgit. En 1918 déjà, Freud émettait l'hypothèse que l'homme redoute au final d'être affaibli par la femme, car il craint d'être contaminé par la passivité qui le gagnera après le coït aux effets soporifiques et apaisants : « Tandis qu'il se fatigue, elle est susceptible d'en redemander. L'homme se rend compte que la femme, forte des plaisirs qu'elle lui procure, détient ce pouvoir de l'influencer. Face au danger de la domination féminine, le rabaissement de la femme constitue une manœuvre efficace pour l'homme peureux de perdre son pouvoir et sa puissance phallique[1]. »

Cela se vérifie d'ailleurs en cabinet de consultation par la recrudescence des demandes de jeunes patients (essentiellement de vingt à quarante ans) venant consulter pour des problèmes de « virilité ». En une décennie, les consultations pour éjaculation prématurée ou

1. V. Estellon, « Des dépendances sexuelles à la sexualité addictive », *Cliniques*, vol. 7, n° 1, 2014, p. 150-167.

dysfonction érectile se sont multipliées. Certes, les jeunes gens consultent plus facilement que leurs aînés, mais il apparaît aussi que de nouveaux maux liés au manque de confiance en soi sont apparus chez ces derniers. La remise en cause de la domination masculine a littéralement « troublé le genre » (pour reprendre une formule de Judith Butler). L'imaginaire et le désir qui se nourrissaient alors d'autorité et de transgression doivent désormais trouver leurs fondements théoriques et leurs concrétisations pratiques sous d'autres formes. À moins que le désir ne s'étiole totalement sous l'effet de l'angoisse et de « l'inquiétante étrangeté » que procurent ces nouvelles femmes qui savent ce qu'elles veulent. L'évitement et la fuite comme mécanismes (inconscients) de défense imprègnent alors la sphère sexuelle et se traduisent le plus souvent sous forme d'éjaculation précoce et de panne sexuelle récurrente.

Mais gardons-nous de stigmatiser trop vite l'émancipation des femmes comme véritable cause de la « panique masculine ». Car sociologues, sexologues et philosophes s'accordent aujourd'hui à dire que la révolution sexuelle (sous-entendu féministe) n'a une influence que limitée dans la déconstruction de l'identité masculine. Dans son ouvrage *La Fin des hommes*, Hanna Rosin démontre comment celle-ci relève avant tout du déclin de l'économie manufacturière et de l'émergence d'une économie de service où « l'intelligence sociale » est venue supplanter la force physique[1]. La fin de l'ère industrielle, l'économie de

1. H. Rosin, *La Fin des hommes*, Autrement, 2013.

marché, la maîtrise de la fécondité des femmes, l'arrêt du service militaire sont autant d'éléments qui ont concouru à la déconstruction de la « mâle attitude » au profit de... De quoi justement ? Car telle est LA question. Si les hommes ne trouvent plus leur place dans la société actuelle, c'est que celle-ci a explosé sans fournir de nouveau modèle. Si la masculinité est indéniablement en pleine mutation, les enjeux de la nouvelle identité de l'homme restent encore à définir... C'est ce qu'Ivan Jablonka, mais aussi Mechthild Fend, Eva Illouz, Olivia Gazalé, Camille Froidevaux-Metterie, la Fondation des femmes, Nous Toutes comme bien d'autres encore s'engagent à questionner aujourd'hui. C'est également ce que des mouvements sociaux tels que #MeToo suggèrent en filigrane. La question de la masculinité n'est pas le monopole du cœur des hommes, bien au contraire elle s'inscrit désormais au cœur même des grandes questions de notre société.

Orgasme, masturbation et addiction

— Orgasme ? Kézako ?

— Je ne sais pas exactement. Des frissons glacés qui vous brûlent.

— Je ne comprends rien.

— Moi non plus. Mais c'est ainsi. Une sensation étrange.

— Une sensation comment ?

— Comme un millier de bougies allumées qui vous pénètrent. La chair se consume, et en même temps s'anime. Mort et résurrection. Après, on reste là, plein de béatitude.

— Un millier de bougies allumées, dit Nino Pepperoni, secouant la tête. Tu veux dire qu'il a la queue sacrée ?

— Mieux que ça, dit Anna Maria.
— Tu aimes ce type ? dit Nino Pepperoni.
— Je suis accro, dit Anna Maria. Je n'arrive pas à l'oublier.
— L'orgasme ?
— L'orgasme[1].

Parfois, pour se rassurer, certaines personnes vont chercher dans l'orgasme (et les masturbations compulsives) une sécurisation, voire une renarcissisation. Certes, depuis la fin des années 1960, une évolution spectaculaire des pratiques et des représentations sexuelles a eu lieu dans notre société[2]. Les discours liés à la sexualité se sont multipliés et les normes ont connu des évolutions propices à la libre expression du corps, des désirs et d'une lutte contre les inégalités. Toutefois, parallèlement à cet essor, les souffrances et dysfonctions en lien à la sexualité masculine et féminine n'ont jamais été aussi nombreuses. L'addiction sexuelle représente un de ces symptômes modernes qui ne cessent de prendre de l'ampleur dans le monde occidental ces dernières années : 6 à 13 % de la population serait concernée, avec un ratio de quatre hommes pour une femme selon les retours de consultations addictologique et sexologique. Si cette notion est connue depuis l'Antiquité, la terminologie qui la caractérise n'a cessé de varier au fil du temps : messalinisme, nymphomanie, satyriasisme,

1. Edgar Hilsenrath, *Orgasme à Moscou* (1979), Le Tripode, 2013.
2. Voir à ce propos M. Croset-Calisto, *L'Addiction sexuelle et ses représentations psycho-socio-culturelles*, *op. cit.*

donjuanisme, perversion sexuelle..., et plus récemment « comportement sexuel compulsif », « hypersexualité » ou encore « addiction sexuelle » représentent les principaux vocables d'une désignation riche et fluctuante. Le glissement de l'hédonisme au trouble addictif, ou en d'autres termes le passage du désir au besoin à assouvir coûte que coûte pose encore question au sein des classifications officielles. Car malgré les nombreuses études menées sur le sujet, la définition de l'addiction sexuelle ne fait toujours pas consensus dans les manuels de référence, à l'instar de la CIM[1] et du *DSM*[2], bibles des psychiatres et des institutions internationales. En effet, selon les pays il existe encore de nombreux tabous ou divergences quant au traitement et à l'intérêt accordés par les institutions et les médias à la thématique de l'addiction sexuelle. De plus, le regard de l'entourage et du grand public varie encore selon les lieux et les facilités d'accès aux soins. À partir de ces constats, la question de la place et des enjeux de l'addiction sexuelle – en tant que thème lié directement à la décharge orgastique et aux représentations de genre – mérite d'être posée. La définition de l'addiction correspond à quatre étapes ciblées. Ces dernières concernent particulièrement :

- la préoccupation sexuelle
- la ritualisation du comportement
- le comportement sexuel compulsif
- le désespoir, la honte ou la culpabilité après l'action

1. Classification internationale des maladies.
2. *Diagnostic and Statistical Manuel.*

Alors que l'on parle désormais d'addictions à tout va, il n'est toutefois pas simple de comprendre ce que ce terme signifie réellement. D'une manière générale, la perte de la liberté de s'abstenir demeure un critère probant et révélateur de ce trouble (avec ou sans substance). Pour ce qui relève de l'addiction au sexe et, d'une certaine manière, à l'orgasme, le besoin est si fort qu'il déclenche la recherche obsessionnelle d'une stimulation sexuelle. Le sujet répond à cette pression intense par un passage à l'acte (masturbation compulsive, rapports sexuels multiples, cyberpornographie…) puis adviennent le désespoir, la culpabilité et la honte, avant que ne recommence le rituel. La personne tombe peu à peu dans une spirale de répétition compulsive dont elle n'arrive pas à s'affranchir. À ce stade, ni la volonté ni la raison ne sont suffisantes pour s'en sortir. Au-delà de la souffrance physique, tout un système physiologique et cérébral chargé de maintenir la conduite addictive se trouve déjà enclenché. En situation normale (cerveau non addict) il s'établit un équilibre entre le plaisir ressenti, la motivation à y retourner – fondée sur le souvenir que la personne a dudit plaisir – et le contrôle du cerveau « raisonnable » qui régule les tentations. En cas d'addiction, tous les signaux envoyés par les voies du plaisir prennent la forme d'alertes violentes et irrépressibles. Les informations internes reçues sont unidimensionnelles : la récompense est indispensable, urgente, prioritaire. Dans ces conditions, on assiste à une survalorisation du besoin et de la motivation vers l'objet d'addiction, à l'envahissement de la mémoire par cet objet et à une déconnexion d'un contrôle raisonnable. La sexualité addictive résulte entre autres d'un dysfonctionnement du système de récompense et de régulation des émotions véhiculées par les neurotransmetteurs. Par ailleurs, l'addiction sexuelle toucherait plus particulièrement les personnes de type « anxieux » et « insécure », dont l'ancrage identitaire ou social s'avère fragile. Ce qui sous-entend également qu'au-delà du circuit cérébral la gestion des émotions, l'éducation et la construction psychique de chaque individu sont des facteurs à prendre en compte. Mais avant toute chose, lorsqu'un patient arrive en consultation pour une demande concernant la fréquence, la « normalité » ou encore le contenu de ses pratiques sexuelles, il est utile d'effectuer un diagnostic précis à partir des outils d'évaluation à disposition. Comme le souligne le psychiatre Laurent Karila, l'addiction sexuelle se caractérise à la fois par l'impossibilité répétée de contrôler un comportement et par la poursuite de ce comportement en dépit de ses conséquences négatives (sociales, psychologiques, physiques...)[1]. À l'origine de cette attitude, il y a toujours des facteurs déclencheurs : une émotion positive, une émotion négative, une circonstance environnementale (décès, déménagement, perte de travail) ou plus prosaïquement le besoin de se récompenser après une dure journée de travail. Chez les personnes dépendantes, la hiérarchie des priorités est perturbée : tout ce qui a trait au sexe et aux activités préparatoires à sa réalisation

1. L. Karila, *Accro ! Les nouvelles addictions*, Flammarion, 2013 ; L. Karila et W. Lowenstein, *Tous addicts*, Flammarion, 2017.

rend le reste dérisoire et négligeable. Les individus deviennent otages de leur préoccupation sexuelle. Tout est envisagé et scénarisé mentalement autour du sexe (rencontres, travail, appels téléphoniques, loisirs, sorties amicales...).

L'addiction sexuelle et ses enjeux psycho-socio-culturels

> « Le besoin sexuel est le plus violent de tous nos appétits. Le désir de tous nos désirs. »
>
> Arthur Schopenhauer

Le film *Shame* (2011) est une bonne illustration de ce qu'une dépendance à l'orgasme engendre comme conséquences psycho-corporelles. Il aborde le thème de l'addiction sexuelle avec ses conséquences psychologiques (dépression, souffrance, dévalorisation de soi) et comportementales (masturbation compulsive, addiction à la cyberpornographie menant à l'insomnie, mutisme, violence). Ce long-métrage grand public est le premier à exposer directement le déroulement et le vécu quotidien d'une personne présentant une addiction sexuelle. Par-delà la thématique de la pulsion irréfrénable du passage à l'acte et du *craving* – « désir irrépressible » – récurrent (le personnage principal, malgré tous ses efforts et sa bonne volonté, ne peut s'empêcher de « replonger »).

Le scénario met en lumière l'isolement total dans lequel il se retrouve ; son incapacité tant à communiquer son mal-être (par difficulté personnelle et par déni d'autrui) qu'à créer du lien est palpable. Le rôle et la présence soudaine de la sœur confrontent le personnage au principe de réalité (« Brandon, tu es malade ») et apportent un éclairage supplémentaire sur les douleurs familiales souterraines vécues par ces deux personnages durant leur enfance ainsi que leur type d'attachement insécure. La réception de ce film par les médias fut d'importance et il connut également un succès non négligeable auprès du grand public. L'utilité de ce long-métrage devient double. D'une part il donne la possibilité à tout un chacun d'appréhender et d'intégrer le monde et les souffrances d'un individu « addict sexuel », et d'autre part il permet aux personnes concernées de se sentir prises en compte et entendues dans leur souffrance (les vertus thérapeutiques des films sont de plus en plus utilisées par les sexologues et addictologues en consultation individuelle ou de groupe). Il est à noter que la masturbation compulsive et l'histoire de la masturbation en général représentent un thème récurrent et brûlant au fil des siècles. Le médecin suisse Samuel Auguste Tissot fit de la lutte contre la masturbation son cheval de bataille. En 1760, il publia *L'Onanisme. Dissertation sur les maladies produites par la masturbation*, lequel remporta un large succès auprès du grand public[1]. Jetant l'opprobre sur cette pratique « licencieuse », le médecin convainc

1. S. A. Tissot, *L'Onanisme. dissertation sur les maladies produites par la masturbation* (1764), La Découverte, 1998.

l'Europe entière des vices de la masturbation – affaiblissement, débilité, épuisement... –, n'hésitant pas à établir un diagnostic médical fort moralisateur et erroné, puisqu'il associe les symptômes de la tuberculose à l'onanisme ! Son ouvrage connaîtra soixante-trois éditions, jusqu'en 1905... ! Dans la même veine, le psychiatre Krafft-Ebing, dans son ouvrage *Psychopatia sexualis*, reprendra l'idée d'une pathologisation de la masturbation[1]. Comme le rappelle Muchembled dans *L'Orgasme en Occident*, l'histoire de la masturbation est souvent liée à celle du mensonge, de la censure et de la criminalisation[2]. Le saphisme et le « tribadisme » étaient sanctionnés de peine de mort chez les femmes, tandis que la masturbation masculine engendrait « un désordre mortel, avec des convulsions, de la bave et des paroxysmes épileptiques. Le malade se reconnaît à sa pâleur et à son allure efféminée, étant donné qu'il perd et ne recouvre rien »... Cette vision infernale liée à l'onanisme va traverser les siècles jusqu'à l'avènement de la sexologie et des éclairages psychocorporels apportés aux scientifiques qui avaient dressé un tableau moralisateur, stigmatisant et fallacieux de cette pratique.

Avec l'art, la culture, l'avancée des découvertes scientifiques, le vent de libération sexuelle des années 1960 et #MeToo, les choses changent peu à peu. C'est pourquoi le traitement de l'addiction sexuelle par les médias, le cinéma, la littérature ou encore les livres de

1. Krafft-Ebing, *Psychopathia sexualis*, Voss, 1844.
2. R. Muchembled, *L'Orgasme en Occident*, *op. cit.*, 2005.

vulgarisation scientifique détient un rôle majeur, celui de l'éclairage des consciences et de la sensibilisation du grand public aux addictions contemporaines, afin que les lecteurs, internautes, téléspectateurs puissent sortir des stéréotypes et appréhender les ressorts d'une addiction.

Comme le soulignent les nombreuses fédérations et associations spécialisées en addictologie, les thérapies cognitivo-comportementales ont fait leurs preuves[1]. Elles s'avèrent particulièrement adaptées au suivi thérapeutique et à la prise en charge de l'addiction sexuelle, quelle que soit la mise en pratique de cette dernière (cyberpornographie, partenaires multiples, phonesex, masturbation compulsive, etc.). Mais malgré la diversité des informations et des prises en charge thérapeutiques, il apparaît que la représentation de la sexualité en général, et de l'addiction sexuelle en particulier, fait encore l'objet d'une forte différenciation sexuée au sein des mentalités. Par exemple, l'« enquête sur la sexualité en France » menée en 2008 par Nathalie Bajos et Michel Bozon sur un panel de 12 364 hommes et femmes révèle que le pays souffre d'une grande immobilité des représentations sociales quant au rôle des hommes et des femmes dans l'interaction sexuelle[2]. Si elle a mis en évidence l'évolution des connaissances et des pratiques sexuelles au sein de la société française, elle a cependant pointé du doigt les inégalités persistantes dans les

1. SOS Addictions, Fédération addiction, Addictaide…

2. N. Bajos N et M. Bozon, *Enquête sur la sexualité en France*, La Découverte, 2008.

rapports sociaux, de classe, de génération et d'égalité des sexes :

> L'analyse des comportements sexuels qui nous est présentée fait apparaître les soubassements profondément inégalitaires de nos sociétés. Et la croyance en des besoins naturels plus importants des hommes en matière de sexualité apparaît finalement comme la justification ultime des inégales positions sociales des hommes et des femmes. Et c'est là qu'il faut rappeler que, malgré des avancées importantes dans les domaines politiques et autres vers l'égalité des sexes, peu de changements ont été réalisés depuis des décennies au niveau de la vie domestique quotidienne[1].

Par ailleurs, l'étude révéla qu'une permanence des représentations de genre perdure dans la culture au sens large (littérature, cinéma, publicité et médias), mais également dans l'imaginaire collectif. Il est à noter par exemple que très peu de médias osent encore aborder ouvertement la question de l'addiction sexuelle féminine[2]. Une forme d'omerta règne sur cette réalité de femmes en souffrance, alors qu'elles sont de plus en plus nombreuses à venir consulter pour une addiction au sexe – cyberpornographie, masturbation compulsive, escorting... – dans les cabinets spécialisés. L'hypersexualité en général et l'addiction sexuelle en particulier seraient donc toujours l'apanage des hommes... ? Là où les femmes se

1. *Ibid.*, p. 15.
2. La question fut abordée en 2008 aux États-Unis avec l'article de M. Turner « Female sexual compulsivity: a new syndrome ».

caractériseraient encore par leur propension notoire à la dépendance affective « et continuent à être vues comme des objets à posséder, au mieux comme des sujets au désir modéré, attentifs au désir qu'ils peuvent susciter », les hommes sont pensés « comme des sujets désirants indépendants »[1].

De la même manière, les nouvelles conceptions de la « fonction sexuelle » dans le domaine de la recherche clinique en sexologie restent profondément ancrées dans un modèle traditionnel qui oppose et stigmatise la sexualité masculine et féminine. Dans son article « Fonction sexuelle masculine et sexualité féminine : permanence de représentations du genre en sexologie et en médecine sexuelle », Alain Giami démontrait en 2007 comment les recherches médicales actuelles sur la « fonction sexuelle » venaient renforcer les représentations traditionnelles de la sexualité masculine et féminine fondées sur les dichotomies opposant la nature biologique (pour l'homme) à la nature spirituelle et affective de la sexualité féminine[2]. Peu de choses ont malheureusement changé depuis, si l'on s'en réfère aux témoignages en cabinet, aux débats sur les plateaux télé ou encore sur les réseaux sociaux… C'est pourquoi briser les stéréotypes en lien avec l'addiction sexuelle pourrait engager sans conteste un remaniement sociétal fort quant aux clichés de genre. Pour cela,

1. N. Bajos et M. Bozon, *Enquête sur la sexualité en France*, *op. cit.*, p. 75.

2. A. Giami, « Fonction sexuelle masculine et sexualité féminine : permanence de représentations du genre en sexologie et en médecine sexuelle », *Communications*, n° 181, 2007, p 135-151.

la sphère culturelle a un rôle à jouer par l'articulation et la transmission de nouveaux paradigmes. De même, le discours scientifique et le corps médical se doivent de proposer de nouvelles pistes interprétatives et cliniques. Le *DSM VI* et la *CIM 11*, manuels de diagnostics psychiatriques mondiaux qui n'ont toujours pas reconnu l'addiction sexuelle dans leur nosographie, suivront-ils ce que la pratique clinique nous dit de notre société ?

Car la reconnaissance par les instances officielles de l'addiction sexuelle (à l'instar de l'addiction aux écrans, déjà validée) pourrait représenter une voie propice au déploiement d'une réflexion scientifique et grand public relative aux enjeux de l'orgasme, de la compulsion ainsi que des représentations associées à la sexualité masculine et féminine. C'est pourquoi la découverte et l'acceptation par la doxa d'une addiction sexuelle touchant également les femmes viendraient modifier sans conteste le regard sur la sexualité féminine et ouvriraient de nouvelles perspectives quant au traitement inégalitaire genré de la sexualité. De ce fait, l'addiction sexuelle – en tant que thème de santé publique de plus en plus évoqué et reconnu au sein de notre société occidentale – pourrait être l'enjeu d'une dynamique propice à l'étude des problématiques de genre sous un angle novateur et nuancé. La prise en compte de la sexualité addictive (telle que les hommes et les femmes la décrivent[1] et non telle qu'elle est fantasmée) modifierait certainement voire déconstruirait certains stéréotypes de clivage des sexes.

---

1. Ce qui suppose un espace de parole approprié pour le faire et des études scientifiques et sexologiques engagées à ce propos.

Par ailleurs, donner la parole aux personnes présentant une addiction sexuelle (aux femmes en particulier) pour comprendre comment ces dernières conçoivent et investissent leur sexualité représenterait à coup sûr une approche pertinente pour une remise en cause des représentations actuelles clivées, notamment sur l'orgasme. Car ce trouble transcende les genres. D'un point de vue clinique, le nombre de femmes souffrant de cette addiction est en plein essor et une grande enquête demeure toujours en attente sur le sujet. L'étude de l'accès genré à la pornographie peut également représenter un champ d'investigation sur lequel porter un regard sociologique autant que sexologique. Véritable révélateur sociétal, la mise en lumière de la consommation croissante de sites pornographiques par les femmes remet en cause les présupposés de genre[1], tout en traduisant une volonté d'appropriation personnelle de leur sexualité.

En définitive, la prise en compte de l'enjeu psycho-socio-culturel de l'addiction sexuelle et de la dépendance à l'orgasme permettrait d'étudier les pistes de maintien, de renforcement ou d'émancipation des représentations de genre. Qu'il s'agisse du monde médiatique, scientifique, sexologique, la voie permettant la construction de nouveaux scripts dans lesquels intégrer d'autres schémas relatifs à la question des genres reste ouverte. Car l'addiction sexuelle, malgré son absence actuelle dans les manuels officiels, symbolise pourtant un levier réel à partir duquel il serait possible de fonder de nouvelles perspectives

1. Lire C. Richard, *Les Chemins de désir*, Le Seuil, 2019.

herméneutiques au sein des sciences sociales et sexologiques ; notamment à travers l'orgasme avec les troubles et les addictions qui lui sont inhérents. Pour toutes ces raisons, l'addiction sexuelle (que nous pourrions appeler aussi « orgasmophilie ») s'ancre dans une problématique contemporaine majeure de maintien ou d'émancipation des mentalités face aux inégalités véhiculées par la permanence d'une représentation des genres clivée. Située au carrefour de l'intime, du médical, du psychologique et du sociétal, sa prise en compte médiatique, clinique et universitaire permettra, gageons-le, de proposer de nouveaux déterminants sociaux propices à la réduction des inégalités ainsi qu'à une vision plus nuancée de la sexualité humaine.

Chapitre 4

Santé sexuelle : traitements et prises en charge des troubles de l'orgasme

Certains en ont trop, d'autres pas assez… les orgasmes humains vont et viennent au cours de la vie comme plume au vent varie. Parfois la machine s'emballe, parfois elle s'enraye. Les orgasmes dictent leur cadence au gré des aventures et des amours qui durent tantôt un jour, tantôt toujours. Que l'union soit passagère ou durable, force est de constater que le cours de l'orgasme n'est jamais un fleuve tranquille. Les demandes d'aide en consultation fluctuent au rythme des passions et des séparations.

Les traitements médicamenteux

Commençons par les hommes et l'éjaculation prématurée (appelée aussi précoce). L'éjaculation prématurée fait de l'orgasme un éclair qui déchire souvent la nuit avant même que cette dernière n'ait encore commencé. Elle se caractérise par un manque de contrôle de l'excitation sexuelle menant à une éjaculation trop rapide ne permettant pas le plaisir des deux partenaires. Le diagnostic est précis, l'éjaculation survient sur-le-champ ou dans la minute qui suit la pénétration. Elle peut parfois se produire avant même la pénétration : on parle alors d'éjaculation *ante portas*. Les hommes qui présentent ce type de réaction expriment une incapacité à retarder l'éjaculation lors de chaque pénétration vaginale, ce qui induit des conséquences négatives sur le couple : détresse, honte, frustration, évitement des relations sexuelles…

Les solutions préconisées consistent en une série d'exercices sexologiques (réapprentissage masturbatoire, bascule du bassin, temporisation lors des pénétrations, *sensate focus*), de respiration (cohérence cardiaque, relaxation, yoga, méditation), d'usage de traitements ciblés (gel, crème, médicaments) ou encore de pratiques spécifiques telles que le tantrisme. L'éjaculation prématurée peut se produire occasionnellement ou devenir un problème permanent. En général, elle vient perturber la bonne entente sexuelle du couple (car une femme a besoin en moyenne de huit minutes pour arriver à un orgasme vaginal). Heureusement, des solutions existent et il est fortement recommandé aux hommes (souvent jeunes) de consulter si le problème s'installe dans le temps.

Parce que les informations sont peu nombreuses, il me semble utile de rappeler les principales réponses et traitements possibles[1] : crème anesthésiante, traitement ciblé, techniques diverses psychosexuelles (« stop-and-go »), exercices respiratoires et de relaxation, rééducation périnéale, méthode du « squeezing »…

---

1. Explication détaillées à retrouver dans M. Croset-Calisto, *Moins de stress grâce au sexe*, *op. cit.*, p. 44.

Les dysfonctions érectiles représentent également une cause de consultation très fréquente chez les hommes. Et à juste titre. L'on sait aujourd'hui qu'une panne sexuelle peut être révélatrice d'un problème de santé connexe (artère bouchée, diabète, problème cardiaque...). De plus, un problème d'érection qui s'installe dans le temps est tout simplement plus difficile à traiter d'un point de vue thérapeutique, avec prise en charge médicamenteuse (comprimés, injections intracaverneuses), voire vacuum ou prothèse pénienne après certaines opérations de la prostate ou certains cancers. D'après de nombreuses études, ce phénomène touche près d'un homme sur trois dès cinquante ans, et plus d'un sur deux après soixante-dix ans. Il est souvent multifactoriel. Le mode de vie, d'alimentation et le manque de temps amoureux en sont les causes principales. Lorsqu'il s'agit de causes psychologiques, elles se traitent avec une prise en charge thérapeutique de type cognitivo-comportementale. Cette prise en charge permet une approche centrée sur les émotions, les cognitions et le comportement des individus. Mais la réponse la plus fréquente reste en général l'administration médicamenteuse. Toutefois, si une molécule peut venir réguler le processus érectile dans les corps caverneux, elle n'a pas d'effet direct sur la confiance en soi, l'estime de soi ou la bonne communication dans le couple... Je préconise donc une double approche (médicale et psychologique) pour résoudre les problèmes de forme (physiques) mais aussi de fond (psychiques) des dysfonctions érectiles. À ce jour, plusieurs types de médicaments sont disponibles : Cialis (tadalafil),

Levitra (vardénafil), Spedra (avanafil) et Viagra (sildénafil). Mais ces molécules ne règlent pas tout. Parfois les contre-indications ou les affections nécessitent des médications différentes ou plus lourdes. Toujours dans un souci d'information, voici la liste des traitements officiels existant à ce jour : gel topique, système Muse, traitement par injections, vacuum mécanique, prothèse pénienne[1]... Depuis un an, de nouvelles techniques sont également en expérimentation en France. Elles visent à restaurer les corps caverneux déficitaires à la suite d'événements biologiques (l'âge par exemple) ou pathologiques (le diabète, les maladies cardio-vasculaires, etc.). La méthode consiste à injecter une dose de plasma de son propre corps à l'intérieur même de la verge, au niveau des corps caverneux fragilisés par les causes précitées. Cette injection fait suite à une ponction de plasma par le biais d'une prise de sang spécifique. Le tout peut se faire chez un urologue formé à cette pratique. Trois injections à deux semaines d'intervalle sont recommandées. L'opération peut être renouvelée l'année suivante au besoin. Peu de littérature scientifique existe encore en la matière, mais les premiers résultats cliniques semblent prometteurs. En ce qui concerne les addictions sexuelles et dépendances à l'orgasme (masturbation avec ou sans visionnage compulsif, orgasme avec lésion physiologique dûe à la haute fréquence des rapports...), le traitement préconisé sera essentiellement de type cognitivo-comportemental. Hormis certains médicaments et antidépresseurs qui ont la particularité de diminuer la libido (sans traiter directement

1. *Ibid.*, p. 53-55.

l'addiction à l'orgasme toutefois), aucun traitement médicamenteux n'existe pour ce type d'addiction comportementale. Mais de bons résultats s'observent en revanche en psychothérapie.

Et puisque nous évoquons les pistes médicamenteuses, il est temps de s'intéresser aux sujets qui fâchent – ou en tout cas qui questionnent – à propos des inégalités de traitement entre les hommes et les femmes quant à l'accès aux soins dans le champ du désir et du plaisir. Selon différentes études menées aux États-Unis et en Europe ces dernières années, le trouble du désir hypoactif (baisse de libido) toucherait entre 10 et 40 % des femmes, tous âges confondus. Au regard de ces chiffres, les laboratoires pharmaceutiques travaillent d'arrache-pied depuis plus d'une dizaine d'années sur LA « pilule miracle » qui redonnerait du désir aux femmes. Elle a d'ailleurs été autorisée aux États-Unis, sous le nom commercial d'Addyi en 2019, avant d'être retirée du marché (deux dépressions et une tentative de suicide ont été rapportées). Mais qu'en est-il de l'état du désir des femmes en France ? Existe-t-il aussi une réelle demande de traitement au sein de notre pays ? Pour de nombreux spécialistes et laboratoires pharmaceutiques, *a priori* oui. Pour les sexologues et certaines féministes aussi. De là à envisager ces médicaments comme solution universelle pour traiter la baisse de la libido féminine, voilà qui n'est absolument pas le propos. Le constat est que des femmes se plaignent massivement d'un manque de désir, d'une libido sinon en berne du moins poussive ou encore d'anorgasmie (quel que soit l'âge ou le statut socio-économique observés).

Il est à noter aussi que les causes du trouble du désir et de l'orgasme diffèrent en fonction de chaque patiente : cela peut provenir de certains effets secondaires de médicaments qui induisent une chute de libido et d'excitation sexuelle (antidépresseurs et pilules contraceptives par exemple) ; ou encore de causes physiologiques ou psychiques comme le stress, la mésentente dans le couple, la lassitude envers le partenaire ou encore la maternité, la ménopause, le manque d'estime de soi... autant de facteurs qui peuvent expliquer les variations du désir et du plaisir au quotidien. *In fine*, les causes sont multifactorielles et relèvent tantôt du corps, tantôt de l'esprit. C'est pourquoi, si le recours à la pilule « miracle » (à base de flibansérine) peut représenter un « starter » à l'instar du Viagra masculin, cette dernière ne saurait cependant être la panacée qui résoudrait tous les problèmes d'orgasme et d'appétence sexuelle féminine. Disons que la mise sur le marché de ce médicament fournirait simplement une nouvelle option dans l'offre en santé sexuelle féminine plus ou moins (in)existante. Comment fonctionnerait-il ? La flibansérine (ou *le* flibanserin) met en jeu des actions neurochimiques au niveau du cerveau pour désinhiber l'anxiété d'une part et améliorer certaines particularités physiologiques comme la lubrification vaginale d'autre part. De là à penser que les femmes vont devenir « esclaves de leurs pulsions » à cause de la pilule rose comme disent certaines mauvaises langues... Rassurons-les : quelle que soit la posologie observée, les femmes resteront toujours libres d'adopter le comportement qu'elles souhaitent en matière de sexualité. Pour la petite histoire, les autorités médicales américaines ont validé l'autorisation de mise sur le marché de cette molécule le 18 août 2015. Mais l'élaboration de l'Addyi fut chaotique et source de nombreux conflits durant des années. En 2010 puis en 2013, deux interdictions de mise sur le marché américain avaient été votées pour des raisons dites « éthiques » (la surmédicalisation du sexe) d'une part, et en raison des effets secondaires de type hypotension d'autre part. Pour être plus précise quant à son fonctionnement, la flibansérine agit spécifiquement sur les neurotransmetteurs (telles la dopamine et la noradrénaline), en lien direct avec le désir. Voilà pourquoi, elle a un effet « booster » sur la libido. D'autre part, elle fait baisser le taux de sérotonine, impliquée dans plusieurs fonctions comme l'agressivité, l'angoisse, le sommeil, mais aussi la dépression. Pour l'anecdote, la découverte des effets « aphrodisiaques » de la flibansérine relève de la sérendipité – c'est-à-dire d'une découverte médicale fortuite –, puisque ce médicament devait être au départ un antidépresseur, lequel n'a pas apporté les résultats escomptés, mais a au final bien d'autres atouts. Tout comme le Viagra d'ailleurs, qui était à l'origine destiné à traiter certaines maladies cardiaques... Pour la pilule bleue, c'est parce que les labos se sont rendu compte que les boîtes tests n'étaient pas retournées (beaucoup de patients décrivant la meilleure vigueur de leurs érections) qu'ils ont eu l'idée de développer leurs recherches à d'autres fins que leur vocation première... Toutefois, parler de « Viagra féminin » pour ce nouveau médicament dans les starting-blocks serait un raccourci inapproprié. En effet, le fameux comprimé est essentiellement un vasodilatateur au niveau des corps caverneux chez l'homme, et il permet donc de mettre en correspondance l'excitation sexuelle et sa manifestation physiologique. Mais il ne déclenche pas le désir masculin. Même en prenant du Viagra, un homme qui n'a pas de stimulation sexuelle n'aura pas d'érection. En revanche, la prise de flibansérine chez les femmes va activer les centres cérébraux du désir et provoquer une réaction chimique stimulant l'excitation sexuelle. La flibansérine agit sur les inhibitions et permet aux femmes de se relaxer plus facilement, d'être plus détendues. Ce qui explique aussi le risque notoire d'effets secondaires : chute de la tension artérielle, somnolence voire syncope dans les cas les plus graves. Pour ce qui est de l'autorisation de mise sur le marché en France, l'avenir nous le dira... Derrière les enjeux médicaux, un combat oscillant entre morale, commerce, politique et philosophie gronde en sourdine. Médicament ou pas, une baisse de désir peut provenir de causes multiples et variées (relationnelles, psychologiques, professionnelles, physiologiques, etc.). Penser qu'une pilule pourra résoudre tous les troubles du désir et du plaisir est un leurre.

Quant aux troubles féminins de l'orgasme liés aux dyspareunies (douleurs lors des rapports), vaginisme et vulvodynie entre autres, il existe encore des incompréhensions médicales, l'interprétation des causes diffère. Si les symptômes sont connus, l'étiologie fait encore débat. Pendant fort longtemps, la science a fermé les yeux devant ces douleurs inexplicables. Pourtant, les spécialistes ont toujours été d'accord pour confirmer l'existence par exemple des vulvodynies, c'est-à-dire des douleurs au niveau de la vulve, sans pouvoir en cerner véritablement la cause. Désormais, ce trouble est considéré comme une pathologie vulvaire reconnue. Sa définition ne semble plus mise en question. Il s'agit cependant d'un ensemble de situations assez hétéroclites, parmi lesquelles les vulvodynies généralisées spontanées posent toujours des problèmes diagnostics et thérapeutiques. Diverses explications physiopathologiques ont été avancées. De nombreux arguments permettent aux auteurs de ces recherches de penser que l'hypothèse psychosomatique doit être privilégiée[1]. Dans la mesure où l'on accepte la caractéristique psychosomatique comme hypothèse de diagnostic, le spécialiste entre dans la sphère du psychologique. Ce qui signifie que le physiologique, le médical ne suffisent plus à expliquer l'ensemble de la complexité humaine. Nous savons à quel point les problématiques de la sexualité échappent à la compréhension et à l'explication du « tout-scientifique ». Si l'on veut étudier une pathologie dans son ensemble, entrevoir une approche intégrative, il faut pouvoir entendre la personne qui porte le problème en elle (et donc consacrer du temps à l'écoute)[2]. Avec son histoire, ses peurs, ses traumas et ses comportements face au stress. C'est ce que démontrent les auteurs de l'étude, confirmant ce que les sexologues ne cessent de rappeler depuis des années : le caractère polymorphe et multifactoriel de toute sexualité. Diagnostic et réponse médicamenteuse pour les hommes contre diagnostic et réponse psychothérapeutique pour les femmes ? Il est plus qu'utile

1. *Ibid.*, p. 52.
2. Voir *ibid.*, chapitre « Vulvodynies et Cie », p. 75 et suivantes.

aujourd'hui de sortir de ces clivages sexués et genrés pour donner aux patients une réponse intégrative s'adaptant au mieux à leurs symptômes, tantôt par un traitement, tantôt par une thérapie, tantôt les deux et quel que soit le sexe. Quand l'orgasme est troublé, c'est le soma et la psyché qui sont déréglés.

Les thérapies cognitivo-comportementales

Les thérapies cognitivo-comportementales (TCC) sont brèves et visent à remplacer les idées négatives et les comportements inadaptés par des pensées et des réactions en adéquation avec la réalité. Le patient et le psychothérapeute travaillent ensemble à identifier et comprendre les problèmes en fonction de trois axes précis : les émotions, les pensées associées et les comportements. Cette approche psychologique se concentre sur l'ici et maintenant et repose sur le fait que patient et thérapeute partagent une même compréhension du problème de l'individu. Cela conduit à la définition des objectifs de la thérapie et des techniques thérapeutiques personnalisées. Durant toute la thérapie, les buts à atteindre sont notés, mesurés et évalués. L'approche en TCC aide progressivement à dépasser les symptômes invalidants, tels les dysfonctionnements sexuels, les rituels de vérification, le stress, les symptômes phobiques, les évitements, les inhibitions, les réactions agressives, la mauvaise estime de soi à l'origine de la souffrance psychique.

Il s'agit de mettre en place une relation de confiance avec son patient. L'atout de l'approche TCC demeure le caractère flexible, modulable et individualisé du processus. Le thérapeute explique à son patient qu'un des objectifs est de l'aider à « désapprendre » des comportements installés et inefficaces au profit de l'apprentissage de comportements adéquats. Il s'agit alors de développer des stratégies permettant une réduction de risques grâce à la prévention et/ou la gestion des situations problématiques. Aussi, les TCC s'imposent dans le champ thérapeutique en tant qu'approche fortement structurée et didactique. Une fois le comportement stabilisé, un travail d'obédience plus analytique est souvent conseillé. D'autres approches existent encore. Notamment des thérapies plus « culturelles » comme l'art-thérapie ou encore les « bibliothérapies » fréquentes dans le monde anglo-saxon ainsi qu'en Suisse. De même, et puisque j'évoquais le film *Shame* précédemment, les thérapies par l'image commencent à se développer en Europe car elles ont déjà porté leurs fruits au Canada. En 1999, une équipe de chercheurs s'intéresse aux pratiques thérapeutiques du Homewood Health Centre, en Ontario, afin d'évaluer la pertinence thérapeutique des images cinématographiques au regard d'autres thérapies plus classiques en matière de traitement de l'addiction sexuelle. Comme le démontre un article publié en 1999 et issu de ces recherches, plusieurs études furent nécessaires pour déterminer les possibles utilisations du cinéma pour illustrer les comportements sexuels compulsifs dans leur déroulement ou encore pour amorcer le dialogue autour de la prise de conscience des patients addicts en vue du traitement thérapeutique à leur apporter[1]. À l'aide d'exemples précis permettant l'illustration et la prise de distance par rapport à leur sexualité, les patients sont invités à échanger leur point de vue sur les films visionnés et à proposer des pistes interprétatives et voies de sortie pour les personnages pris dans des problématiques sexuelles sensibles. Le déplacement de l'histoire de soi à l'histoire de l'autre, le déchiffrage critique du comportement des acteurs, les associations et symbolisations faites sous la direction du thérapeute permettent alors aux patients de parler indirectement de leur mal-être, de faire l'expérience de la distanciation, d'énoncer des pistes et des solutions, tout en éprouvant un fort sentiment de déculpabilisation.

Comme nous avons pu le découvrir tout au long de cette seconde partie, l'histoire de l'orgasme a connu et connaît encore des aventures aussi mouvementées qu'inattendues. Si les premiers penseurs ont posé les jalons psychanalytiques de la sexualité, les découvreurs suivants ont créé les sciences sexologiques grâce aux techniques et pratiques cliniques qui sous-tendent ces avancées. Aujourd'hui encore, les révolutions en cours attestent des mystères qui nimbent le fonctionnement de l'anatomie humaine. Si les totems et les tabous de l'orgasme sont de mieux en mieux circonscrits, il est indéniable que l'orgasme a encore bien des choses à nous dire et à nous apprendre. La sexualité humaine est loin de nous avoir révélé tous ses secrets. Les représentations

1. R. Finyalson, « Sexual addiction portrayed in cinema », *Sexual Addiction and Compulsivity*, n° 6, p. 151-159, 1999.

et modélisations de l'orgasme dans la culture nous le démontrent chaque jour. Le succès de la robotique et de l'intelligence artificielle intègre de plus en plus la sphère intime également. Après les conceptualisations psychanalytiques du XXe siècle et les révolutions sexologiques en cours, les orgasmes du futur s'annoncent plus que jamais dégénitalisés et connectés.

Phase 3

CLIMAX

« Enfin, souffrant plus mille fois que
s'il eût marché à la mort,
il entra dans le petit corridor qui
menait à la chambre de madame de Rénal.
Il ouvrit la porte d'une main tremblante
et en faisant un bruit effroyable.
Il y avait de la lumière, une veilleuse brûlait
sous la cheminée ;
il ne s'attendait pas à ce nouveau malheur.
En le voyant entrer, madame de Rénal
se jeta vivement hors de son lit.
— Malheureux ! s'écria-t-elle.
Il y eut un peu de désordre. »

Stendhal, *Le Rouge et le Noir*

Baise m'encor, rebaise-moi et baise ;
Donne m'en un de tes plus savoureux,
Donne m'en un de tes plus amoureux :
Je t'en rendrai quatre plus chauds que braise.
Las ! te plains-tu ? Çà, que ce mal j'apaise,
En t'en donnant dix autres doucereux.
Ainsi, mêlant nos baisers tant heureux,
Jouissons-nous l'un de l'autre à notre aise.
Lors double vie à chacun en suivra.
Chacun en soi et son ami vivra.
Permets m'Amour penser quelque folie :
Toujours suis mal, vivant discrètement,
Et ne me puis donner contentement
Si hors de moi ne fais quelque saillie.

Louise Labé, *Œuvres poétiques*,
Sonnet XVIII, 1555

Regarder. Sentir. Palper. Dévêtir. Frémir.
S'approcher, se lover, murmurer,
Se toucher, s'embrasser,
Mordre, griffer, s'ouvrir, lécher, susurrer,
Humer, crier, chevaucher,

Les sexes tremblent.

Gémir. Oui.
Jouir. Oui.
Encore-Encore.

Caresser, frétiller, basculer, s'oublier, inonder,

CLIMAX

Mourir, un peu.
Attendre, un peu.

Et plus tard. Recommencer

Phase 4

La résolution

LES ORGASMES INAVOUÉS

Chapitre 1

Les dégénitalisations de l'orgasme

« Il y a dans la sexualité quelque chose qui est encore largement à explorer. »

Jean-Luc Nancy

Les jouissances mystiques : sainte Thérèse d'Avila et saint Jean de la Croix

Si le chamanisme et le tantrisme hindou s'appuient naturellement sur les états d'extase et de transe pour asseoir leurs pratiques, les Occidentaux peinent à céder leur approche matérialiste au profit d'une conception plus spirituelle voire mystique de la jouissance. Excepté peut-être dans le christianisme, par le biais de certaines expériences d'extases. C'est ce que vécurent sainte Thérèse d'Avila et saint Jean de la Croix. Une femme et un homme, donc. De quoi prouver encore l'universalité ou encore « l'universexualité » dégenrée de l'orgasme, y compris de l'extase spirituelle. Avec le christianisme, la petite mort des « humains-trop-humains » s'est transmuée en jouissance infinie, flirtant avec l'au-delà.

Grande figure mystique espagnole du XVIe siècle, Thérèse d'Avila est une éminente femme de lettres ainsi que la réformatrice de l'ordre du Carmel. Sa quête de la perfection lui fait écrire des pages d'une intensité spirituelle et poétique indéniables. Ses *Pensées sur l'amour de Dieu* témoignent de son ambition fusionnelle avec le divin. Ses textes relèvent d'une écriture charnelle : « Je ne vous demande donc, mon Sauveur, autre chose en ce monde, sinon de m'honorer d'un baiser de votre divine bouche, qui produise en moi un tel effet, que je ne puisse, quand je le voudrais, me refroidir dans cet amour, et me ralentir dans cette étroite union que vous voulez bien me faire la grâce que j'aie pour vous et avec vous[1]. »

C'est physiquement que Thérèse vit sa relation avec Dieu :

> Dans le ravissement, c'est progressivement que l'on meurt aux choses extérieures et que l'on perd l'usage de ses sens. Dans l'enlèvement de l'esprit [...] l'âme a l'impression d'être arrachée jusqu'à la partie supérieure d'elle-même, laquelle lui semble se séparer de son corps.
>
> Je voudrais savoir expliquer [...] la différence qui existe entre l'union et le ravissement, ou l'élévation ou le vol de l'esprit ou l'enlèvement : c'est tout un. Je dis que ces différents noms sont la même chose, et on appelle aussi cela « extase »[2].

1. *Pensées sur l'amour de Dieu*, chapitre III, cité par J. Brachier dans *Écrire le désir*, *op. cit.*, p. 27.

2. Sainte Thérèse, V. 20.1 citée dans B. Sesé, « Poétique de l'extase selon sainte Thérèse d'Avila et saint Jean de la Croix », *Savoirs et clinique*, n° 8, 2007, p. 27-35.

Sainte Thérèse d'Avila fit à plusieurs reprises l'expérience de ce qu'elle nomme l'« extase ». Ce terme apparaît en français au XIVe siècle. Son sens premier est avant tout religieux. Il désigne la contemplation d'un objet transcendant qui absorbe et pousse hors du monde sensible, le plus souvent dans un état de ravissement et d'enchantement notoires mais aussi parfois jusqu'à la pétrification, figeant le sujet même face au vertige ressenti : « Parfois on ressent un mouvement si accéléré de l'âme, l'esprit semble enlevé avec une telle rapidité qu'on en éprouve un effroi[1]. »

Comme le soulignait déjà Pascal Quignard dans l'un de ses précieux livres, le sexe n'est jamais loin de l'effroi[2]. En général, les extases de Thérèse durent en moyenne deux heures. Les témoignages qu'elle fait de ces épisodes ne trompent point les esthètes. À ce propos, voir ou revoir à Rome la sculpture du Bernin *L'Extase de sainte Thérèse* demeure toujours une expérience. Elle se situe dans la chapelle Santa Maria della Vittoria, non loin de la gare Termini. Un ange tient dans sa main une flèche, ou plutôt un dard en or, orienté tant vers le cœur que vers la matrice de sainte Thérèse – « Parfois il me semblait qu'il me passait ce dard au travers du cœur et qu'il l'enfonçait jusqu'aux entrailles. Quand il le retirait, on aurait dit que le fer les emportait avec lui, et je restais tout embrasée du plus ardent amour de Dieu », écrivait la sainte femme[3].

1. *Ibid.*
2. P. Quignard, *Le Sexe et l'Effroi*, Gallimard, 2011.
3. Sainte Thérèse, V. 29.13.

Ces textes feront les réjouissances de Lacan qui, on l'a dit, exultera : « Elle jouit, sainte Thérèse ! » Toutefois, la force et le vertige procurés par ce qu'elle nomme le *traspasamiento* (« transpercement ») contraignent Thérèse à s'efforcer de résister à ses états d'extase, surtout en public. C'est pourquoi elle demande aux moniales d'essayer plusieurs formes de constriction, mais « malgré tout, ça se voyait »...

Dans une lettre à son frère datant du 17 janvier 1577, elle écrit : « Depuis plus de huit jours [...] les ravissements m'ont saisie. Impossible de résister et rien à faire pour le dissimuler. J'en suis tellement, tellement confuse que je voudrais me cacher je n'arrête pas de supplier Dieu que cela ne m'arrive pas en public[1]. » La description que Thérèse fait alors de ces états de transe renvoie le lecteur aux souvenirs des « hystériques de Charcot ». Le trait est précis, quasi chirurgical. Thérèse s'analyse de corps et d'esprit face à cette « jouissance » divine qu'elle ne peut dissimuler :

> Quand le ravissement est grand, les mains se glacent et quelquefois deviennent raides comme des bâtons ; et si le corps a été surpris debout, ou à genoux, il reste dans la même attitude. Quant à l'âme, elle est tellement occupée à jouir de ce que le Seigneur lui révèle qu'elle oublie, semble-t-il, d'animer le corps et qu'elle l'abandonne complètement [...].
>
> Si cela devait se renouveler souvent, on en perdrait vite la vie[2]...

1. *Ibid.*
2. *Ibid.*

Et un peu plus loin, à peine voilée, l'extase apparaît et prend le nom de l'être aimé, adoré, idolâtré, jusqu'au plus grand don de soi. Jusqu'à l'hors de soi. Orgasme divin… « On dirait que je vais perdre la vie ; alors je pousse des cris, et j'appelle mon Dieu. »

La jouissance que procure la perception du divin fut également décrite par le docteur de l'Église saint Jean de la Croix, qui en tant que réformateur du saint Carmel également, connaissait les écrits de sainte Thérèse. Il en proposa d'ailleurs un complément littéraire, notamment au sujet de la relation entre l'âme humaine et le divin. Il conçoit la rencontre extatique comme le lieu de « l'étreinte abyssale ». Dans son poème *La Nuit obscure*, saint Jean de la Croix mentionne le « baiser de l'âme à Dieu » en tant que signe d'un mariage spirituel. L'union entre l'âme humaine et le divin prend forme sous le sceau du « mariage »… Dans son *Chant de l'âme*, saint Jean persiste dans cette voie en comparant jouissance amoureuse, « la nuit matérielle », et jouissance divine, « la nuit spirituelle » :

Ô nuit qui fut ma conductrice !
Ô nuit qu'à l'aube je préfère !
Ô nuit qui sut si bien unir
L'Amant avec la bien-aimée,
L'amante en l'Amant transformée !
[…]
Lorsque le souffle du matin
Faisait voltiger ses cheveux,
De sa main si douce il m'a prise,

Au cou je sentis la blessure,
Mes sens en furent suspendus.
Je restai là, je m'oubliai,
Le visage penché sur lui,
Tout disparut, je me livrai,
J'abandonnai tous mes soucis,
Les oubliant parmi les lis[1].

Évidemment, les expériences d'extase mystique ont donné des idées et du grain à moudre non seulement aux religieux mais aussi et surtout aux médecins, aux psychanalystes et aux écrivains ! Les interprétations sont nombreuses face à ce phénomène qui défie la science, et chacun y va de sa formule et de son intellection pour tenter de définir cet « état de grâce » qui rehausse les âmes tout en dévoyant les corps…

Pour Freud, l'extase mystique est sans conteste à mettre du côté des névroses. Pour Lacan, les « jaculations mystiques » font de l'extase religieuse la quintessence de la jouissance. La question de « par où passe l'orgasme » sera posée, à l'instar de notre actualité sexologique qui requestionne les tenants et aboutissants somatiques et psychiques de l'orgasme, depuis que la santé sexuelle existe[2]. On constate d'ailleurs avec l'arrivée de ce concept

1. Saint Jean de la Croix, « Chant de l'âme », dans *La Nuit obscure*, Éditions du Cerf, 1992, p. 15-17.

2. Selon l'Organisation mondiale de la santé (OMS), « La santé sexuelle est un état de bien-être physique, émotionnel, mental et social ; en matière de sexualité ce n'est pas seulement l'absence de maladie, de dysfonctionnement ou d'infirmité. La santé sexuelle

que la jouissance est moins intellectualisée et davantage médicalisée. Si pour Lacan, la jouissance de l'autre est hors langage, pour les médecins sexologues, elle en passe surtout par le corps. Quant à l'extase mystique, elle renvoie à l'expérience du néant, du vide, de la béance qui chavire l'être. Michel Bousseyroux, dans son ouvrage *Au risque de la topologie et de la poésie*, pointe du doigt le rôle du vide et de l'absence :

> « Ce qui s'apprend de Hadewijch, de Thérèse d'Avila et de Jean de la Croix, c'est que *connaître* Dieu, c'est jouir de son absence[1]. »
>
> « Le Néant fait jouir le mystique, comme le manque fait jouir le névrosé[2]. »
>
> « C'est par le manque (d'une jouissance, celle de Dieu) qu'une jouissance *Autre* arrive : il y a une autre jouissance, la plus suave, prise à ce manque à jouir de Dieu[3]. »

Mais c'est compter sans l'apport de Simone de Beauvoir qui, dans son *Deuxième Sexe*, prend le contre-pied une fois de plus des thèses en cours et propose une lecture de l'extase mystique non pas du côté de l'absence ou du

---

exige une approche positive et respectueuse de la sexualité et des relations sexuelles, ainsi que la possibilité d'avoir des expériences sexuelles agréables et sécures, sans coercition ni discrimination ni violence. Pour atteindre et maintenir une bonne santé sexuelle, les droits humains et droits sexuels de toutes les personnes doivent être respectés, protégés et réalisés. »

1. Cité par L. M. Bousseyroux, « Au risque de la topologie et de la poésie », www.cairn.info/au-risque-de-la-topologie-et-de-la-poesie–9782749214306.htmP31.
2. *Ibid.*, p. 17.
3. *Ibid.*, p. 35.

manque à jouir, mais plutôt du trop-plein qui vise une libération renarcissisante :

> Ainsi, d'un seul mouvement, sainte Thérèse cherche à s'unir à Dieu et vit cette union dans son corps ; elle n'est pas l'esclave de ses nerfs et de ses hormones [...].
>
> La femme cherche d'abord dans l'amour divin ce que l'amoureuse demande à celui de l'homme : l'apothéose de son narcissisme [...].
>
> L'extase mime corporellement cette abolition du moi : le sujet ne voit, ne sent plus, il oublie son corps, le renie. Par la violence de cet abandon, par l'acceptation éperdue de la passivité est indiquée en creux l'éblouissante et souveraine Présence[1].

Ce renversement, allant de l'annihilation de soi à la renarcissisation, s'observe sans détour dans certains écrits de Georges Bataille. Dans son *Histoire de l'œil*, l'extase religieuse se transmue en extase obscène. L'expérience de l'extase mime une progression qui aboutit non point à « mariage » avec Dieu – comme dirait saint Jean de la Croix – ni à un « transpercement » divin comme dirait sainte Thérèse, mais à une immixtion des membres entre eux. Qui de l'œil ou du sexe aura raison de l'autre ? Au fil des pages, le lecteur assiste au processus transgressif d'une « coïncidence » organique. Grand renversement du haut et du bas (comme évoqué dans un autre livre de Bataille, *Madame Edwarda*), du divin et du biologique, du religieux et de l'ob-scène ; ce qui se joue hors de la scène est soudain mis en avant. Scandale. Les surréalistes, dont Bataille était très proche,

1. S. de Beauvoir, *Le Deuxième Sexe*, t. II, *op. cit.*, p. 579, 581.

reprendront le flambeau des analogies érotico-religieuses. Le but ? Sonder et montrer ce qui fait effraction, de manière aussi subversive que leur formule décrivant « l'agencement d'une machine à coudre et d'un parapluie sur une table à dissection ». Voilà pourquoi les surréalistes ont été tant fascinés par les visages déformés des hystériques de Charcot à la Pitié-Salpêtrière, dans les années 1870. La figuration esthétique de la défiguration extatique pouvait commencer[1].

Le syndrome de Stendhal

> « Au départ il ne s'agit pas de comprendre mais bien d'aimer. »
>
> André Breton

Une jouissance vécue au plus fort de soi, qui pousse (et se montre) hors de soi, c'est ce qu'éprouvent les touristes qui subissent un « syndrome de Stendhal ». Le trouble associé à l'écrivain est une forme de « transpercement » digne de celui de sainte Thérèse. Il correspond à une extase bien connue des spécialistes italiens[2], mais fort peu étudiée dans nos contrées.

1817. Stendhal sort de la basilique de Santa Croce de Florence. Vertige, sueurs, palpitations, il se sent défaillir.

1. Et avec elle le scandale qui lui est désormais associé. Voir le film *Le Bal des folles* (2021).

2. M. Croset-Calisto *Dolce Italia. L'Italie de tous les plaisirs*, Éditions Livres du Monde, 2016.

La cause ? Un trop-plein d'émotions face à la beauté des lieux et des œuvres. Péniblement, il va s'asseoir sur un banc et essaie – pour faire diversion – de se concentrer sur la lecture d'un poème. Le syndrome s'accentue. La poésie ajoute un surplus d'émotions au vécu. Trop, c'est trop. Telle la révélation dans la « nuit obscure » pour saint Jean, l'expérience du Beau à la florentine touche l'écrivain en plein cœur : « J'étais arrivé à ce point d'émotion où se rencontrent les sensations célestes données par les Beaux-Arts et les sentiments passionnés. En sortant de Santa Croce, j'avais un battement de cœur, la vie était épuisée chez moi, je marchais avec la crainte de tomber[1]. »

Avant de vivre cette expérience, Stendhal s'était préparé à l'extase. La disponibilité au plaisir est un point capital dans l'accès audit plaisir. Nous le verrons dans le cadre de l'orgasme culinaire. Mais pour ce qui relève du récit présent, il est comme galvanisé par l'exaltation à l'idée d'arriver enfin à Florence – déjà connue en pensée dans ses moindres rues et monuments grâce aux livres avant d'être vue et parcourue en personne. Il est exalté et survolté avant d'être en extase, si j'ose dire. Il jouit déjà en s'extasiant.

> Florence, 22 janvier 1817
>
> Avant hier en descendant l'Apennin pour arriver à Florence, mon cœur battait avec force. Quel enfantillage ! Enfin, à un détour de la route, mon œil a plongé dans la plaine, et j'ai aperçu de loin, comme une masse sombre, Santa Maria del Fiore et sa fameuse coupole, chef-d'œuvre

---

1. Stendhal, *Rome, Naples et Florence*, Delaunay, 1826, t. II, p. 102.

de Brunelleschi. [...] les souvenirs se pressaient dans mon cœur, je me sentais hors d'état de raisonner, et me livrais à ma folie comme auprès d'une femme qu'on aime. En approchant de la porte San Gallo [...] j'aurais volontiers embrassé le premier habitant de Florence que j'ai rencontré[1].

Les propos de l'écrivain font date ; ils ont ouvert la voie à l'étude de ce qui se vivait mais ne se disait pas, ou si peu. Le plus étonnant est que l'expérience de Stendhal n'est pas isolée. Des centaines de cas similaires ont été répertoriés par les hôpitaux de Florence depuis une quarantaine d'années. Et ce jusqu'à en faire une nosographie clinique bien particulière, désormais connue donc sous le nom de « syndrome de Stendhal ».

Les manifestations de ce trouble relèvent le plus souvent de critères physiologiques (vertiges, malaises, vomissements), d'états d'extase et de formes soudaines de décompensation, terme qui correspond à une rupture ou à une dégradation brutale d'un organe ou d'une structure psychique. Elle désigne une désorganisation d'un système (cardiaque, respiratoire, psychique...) qui ne parvient plus à s'autoréguler par ses modes habituels de défense. La décompensation survient le plus souvent dans l'après-coup, une fois le débordement émotionnel écarté. Face à l'excès de tensions, les émotions montent jusqu'à produire une dérégulation. En psychologie, la décompensation désigne l'effondrement psychique d'une personne, à la suite d'une crise interne, un contexte dangereux, une

1. *Ibid.*

épreuve inattendue, une confrontation intense à la mort ou… à la beauté. Les symptômes physiques et psychiques sont nombreux (sudation, douleur thoracique, arythmie cardiaque, insomnie, addiction…).

La psychiatre Graziella Magherini étudia le phénomène à Florence sur plus de vingt ans et publia le résultat de ses recherches dans un premier livre en 1989[1]. Si l'on s'en réfère à ses études menées entre 1980 et 2000, le public cible serait de type européen et sensibilisé dès l'enfance aux beautés de l'art occidental (et surtout de la période du *rinascimento* florentin). Notons au passage que les habitants de la ville de Florence – ayant évolué dans ce bain culturel dès leur naissance – semblent de leur côté immunisés face au syndrome. Pour les autres, il en est tout autrement. Le choc produit par la vision des tableaux qui ont bercé leur imaginaire peut déclencher un effet de sidération, y compris auprès des amateurs d'art les plus aguerris. À l'instar de sainte Thérèse d'Avila, touchée par la grâce de l'ange décochant ses flèches divines, le touriste en proie au syndrome stendhalien tombe en pâmoison devant une fresque, un tableau, une sculpture, qui d'un seul coup le submerge si fort qu'il en reste coi. Transi, pantois, pantelant. Comme foudroyé.

Mais qu'est-ce à dire ? Au-delà du retour du refoulé et de l'approche transférentielle provoqués par le « syndrome stendhalien », ce coup de foudre esthétique engage tout un cocktail chimique qui inonde le corps jusqu'à faire vaciller l'esprit. Il s'agit de neuropeptides (dopamine,

1. G. Magherini, *Le Syndrome de Stendhal*, Éditions Chiron, 1989.

lulibérine, adrénaline, ocytocine et endorphine) qui, comme nous l'avons vu précédemment dans le cadre de l'addiction sexuelle, activent notre circuit de récompense, jusqu'à produire un plaisir intense irradiant tout le corps. Jusqu'à la chute parfois (les prodromes décrits par Charcot ne sont guère loin). L'expérience de l'art jusqu'à l'orgasme…

Orgasmes culinaires, *coregasm* et orgasmes musicaux : les « orgasmes de la peau »

Les orgasmes du futur seront dégénitalisés

Cette hypothèse fut mise en perspective dans les années 1970 par des films de science-fiction et d'anticipation (*Barbarella*, *Woody et les Robots*, *Deep Throat*, etc.), où les orgasmes apparaissaient déjà déconnectés des fonctions génitales (« dégénitalisés », donc) au profit d'autres zones excitatoires et orgasmiques. Soit parce qu'ils trouvaient leur support ailleurs, dans des zones corporelles investies érotiquement (l'exemple de Linda Lovelace qui jouit par la gorge dans *Deep Throat*), soit parce que ces zones d'excitation corporelles étaient remplacées par des fonctions cérébrales menant à la jouissance grâce à des substances (les pilules de l'orgasme dans *Barbarella*), des stimulations mécaniques externes (machine de « l'orgasmotron » dans *Woody et les Robots*) ou encore organiques comme la scène d'asphyxiophilie menant à l'extase du personnage principal dans *L'Empire des sens*. Ces « orgasmes du futur » ont peu à peu pris consistance dans le quotidien des individus. Les générations X, Y, Z, préparées aux étayages de l'orgasme grâce aux écrans et à l'arrivée d'Internet, se sont peu à peu ouvertes à d'autres modes de jouissance. À tel point que des pôles de recherche se sont créés (université du Connecticut et université de Besançon pour l'orgasme musical par exemple) et les articles traitant des différents types d'orgasme se sont démocratisés. Le XXIe siècle insiste beaucoup sur la dégénitalisation des rapports sexuels. Cela produit un formidable sentiment de liberté pour de nombreuses personnes qui ne se retrouvent pas dans le schéma ritualisé ou injonctif de la pénétration. Faire l'amour, éprouver du plaisir, connaître des jouissances n'en passe pas uniquement par l'acte classique. Notre société se focalise depuis des siècles sur l'acte sexuel comme une pratique essentiellement génitale. Or, comme nous l'avons vu en première partie, il y a plusieurs manières d'éprouver du plaisir, pour les femmes comme les hommes. Le « tout-génital » a montré ses limites avec la frustration qu'il génère. Le slow sex, que j'évoque souvent, permet de se reconnecter à ses sensations, au corps de l'autre aussi et de s'adonner à une activité sexuelle sans viser l'orgasme stéréotypé (c'est-à-dire génitalisé) ! De même les orgasmes musicaux ou culinaires sont de plus en plus expérimentés dans notre société. Sans compter d'autres pratiques comme le tantrisme et le BDSM, qui attestent de nouveaux territoires orgasmiques.

Les arcanes du plaisir s'étayent jusqu'à fournir à l'être humain une palette de jouissances aussi diverses qu'inattendues. Les orgasmes péniens et vaginaux se retrouvent concurrencés par de nouvelles pratiques extatiques qui viennent redéfinir l'accès au plaisir et amplifier les différents modes du jouir. C'est ce que j'ai précédemment nommé l'orgasme global. On connaissait les extases mystiques de sainte Thérèse ou encore le syndrome de Stendhal, vécu par l'auteur à sa sortie de Santa Croce, mais depuis quelques années l'existence d'autres types d'orgasme est scientifiquement prouvée.

Tel est le cas de l'orgasme musical – étudié en 2014 par le département de psychologie de l'Université wesleyenne, dans le Connecticut, dont les résultats révèlent le pouvoir de la musique sur les sensations psychocorporelles. Lorsqu'on écoute un morceau aimé et reconnu ou que l'on se sent en osmose avec des notes inattendues, notre corps est envahi de frissons, signe que la dopamine fonctionne et circule. Chair de poule, creux dans le ventre, rouge aux joues, les manifestations sont multiples et peuvent aller jusqu'à l'excitation sexuelle. La Pre Psyche Loui explique avoir cherché à comprendre ce phénomène qui toucherait environ 5 % des auditeurs de musique. Après plusieurs tests, certains styles (comme la musique classique par exemple) semblent plus susceptibles de produire des orgasmes musicaux. Tel est le cas désormais connu du *Concerto n° 2 pour piano* de Rachmaninov, pris plusieurs fois pour exemple dans l'étude :

> La production de dopamine à ce moment-là est similaire à une prise de drogue ou à une relation sexuelle. Si vous mariez tout cela aux émotions du moment et à votre mémoire, vous obtenez un « cocktail émotionnel » qui se produira à chaque fois que vous entendrez un morceau ou un passage

particulier. Un orgasme qui parfois laisse comme tétanisé pendant plusieurs secondes[1].

Le phénomène de l'orgasme musical repose sur le même fonctionnement que le syndrome de Stendhal, décrit précédemment. L'écoute d'une musique familière – et appréciée – produit dans notre cerveau une activation du circuit de récompense (système du plaisir) qui va induire une sensation de plaisir en libérant des « hormones » (neurotransmetteurs) d'excitation, puis de bien-être, de sérénité, d'attachement et d'empathie. Ce rapport psychologique et émotionnel à la musique a été au cœur des travaux conduits par les Drs Mitchell C. Colver et Amani El-Alayli[2], professeurs en psychologie sociale à l'Eastern Washington University (États-Unis). Il semblerait que les harmonies dissonantes ou inattendues, les changements de volume ou les apparitions de solistes produisent plus facilement des manifestations orgasmiques. Pour autre exemple, les préludes et fugues de Bach peuvent se considérer comme une formidable synthèse, du plus rationnel au plus passionnel, de ce que la musique peut offrir. D'une rigueur implacable, Jean-Sébastien Bach emmène les mélomanes au bord de la transe. Tout comme en témoignent les adeptes de musique contemporaine qui, face au vertige de notes et vocalises inattendues, font l'expérience d'un

1. « Quand la musique procure des orgasmes », France Musique, juillet 2015, www.francemusique.fr/musique-classique/quand-la-musique-procure-des-orgasmes-1416.

2. M.C. Colver, A. El-Alayli, « Getting aesthetic chills from music : the connection between openness to experience and frisson », 2016.

transport extatique jusqu'alors méconnu. Ce qui encore une fois nous renvoie aux propos de Freud qui rappelait fréquemment avec facétie que « la nouveauté constitue toujours la condition de la jouissance[1] ». Ces « orgasmes de la peau » comme le grand public les appelle désormais, pourraient, selon les travaux des deux chercheurs américains, être ressentis par environ 55 à 86 % de la population.

D'autres orgasmes – différents mais tout aussi forts – sont de plus en plus souvent mentionnés dans les magazines féminins ou de santé. Parmi eux, l'orgasme culinaire, manifestation physiologique d'une jouissance dont « le point G » – si l'on peut dire – se situe au niveau des papilles gustatives.

L'extase vécue correspond aux différentes phases de l'orgasme, telles que les ont décrites les sexologues Masters et Johnson au cours des années 1960. D'un point de vue neurobiologique, l'orgasme culinaire présente des caractéristiques identiques à celles de l'orgasme sexuel : libération de dopamine, d'endorphines et d'ocytocines (neurotransmetteurs du désir, du plaisir, des sensations de bien-être et de l'attachement). Comme je le rappelle souvent, il nécessite avant tout lâcher-prise et disponibilité, deux conditions nécessaires à tout orgasme en général. L'orgasme culinaire diffère de l'orgasme génital dans la mesure où il convoque une érotisation maximale de la sphère buccale. À l'instar de l'orgasme musical (ou du subspace des sphères BDSM que nous évoquerons ci-après), le plaisir sexuel est délocalisé, donc dégénitalisé et

1. S. Freud, *Au-delà du principe de plaisir*, *op. cit.*, p. 33.

désexué. D'un point de vue analytique, l'orgasme culinaire est un retour au plaisir oral par excellence. Les papilles gustatives retrouvent l'âge d'or de la succion infantile où le plaisir sexuel se vit de manière « détournée ». Il relève d'un étayage de la fonction sexuelle par l'investissement érotique d'une zone du corps en particulier. Le stress, l'anxiété ou le manque de temps peuvent être des freins à l'expérience[1]. Dans tous les cas, trois facteurs sont nécessaires à l'orgasme culinaire :

- un contexte particulier
- une disponibilité au plaisir
- le « produit » lui-même (avec la représentation subjective que chacun se fait de l'aliment : fruit de mer, banane, fromage, chocolat, fruit de la passion…).

Saviez-vous que l'exercice physique (outre le rapport sexuel bien sûr) pouvait mener également à l'orgasme ? Tout se situerait au niveau de la ceinture abdominale. On parle alors de « coregasm », également appelé « orgasme induit par l'exercice » (EIO) ou « plaisir sexuel induit par l'exercice » (EISP)[2]. Les premières études sur le sujet datent des années 1950. Des chercheurs de l'université de l'Indiana (la même où Kinsey officiait) publièrent dans la revue *British Association for Sexual and Relationship Therapy*, le résultat de leur enquête menée sur plus de 370 femmes de 18 à 63 ans. Faire du vélo,

1. Voir à ce propos M. Croset-Calisto, *Moins de stress grâce au sexe*, *op. cit.*
2. clubmedical.icu/santé/coregasm/.

grimper à la corde (soit...), faire du footing, du yoga, voire de la marche ou de la randonnée en montagne permettrait d'enclencher des réponses sexuelles. Sécrétions vaginales, gonflement des tétons et aréoles, rose aux joues, accélération du rythme cardiaque et de la pression artérielle... Les femmes qui ont expérimenté ce type d'orgasme l'ont en général vécu plusieurs fois. Chez les hommes, le phénomène est bien connu aussi, mais c'est plus tabou. Cela reste anecdotique dans le champ des études cliniques. Pourtant les sexologues et les addictologues (l'addiction au sport[1] commence toujours par un intense plaisir...) savent que ces réponses sexuelles produites par des stimuli extérieurs sont tout à fait possibles, voire fréquents. Frottements physiques, excitation cérébrale, vision de paysages magnifiques (processus identique aux émotions artistiques évoquées dans le syndrome de Stendhal), les raisons sont nombreuses pour enclencher le circuit de récompense dans notre cerveau jusqu'à produire l'inattendu... Les adolescents en savent quelque chose. Aussi, j'émets l'idée que les orgasmes ressentis lors d'une pratique sportive participent certes de facteurs physiologiques indéniables, mais aussi d'un retour à la spontanéité de l'enfance. Un lâcher-prise accompagné d'un plaisir mental si joyeux qu'il produit des manifestions psychocorporelles excitatoires. Il suffit de regarder le sourire bienheureux des sportifs réguliers en pleine action... Un bel exemple d'orgasme dérivé.

1. Nommée aussi « bigorexie ».

Le subspace des pratiques BDSM

Dans un tout autre domaine, l'on s'est aperçu que, dans les pratiques BDSM (« bondage, domination, soumission, sado-masochisme »), des états de décharge orgasmique apparaissaient régulièrement chez les personnes encordées – qui pratiquent le bondage donc. Cet orgasme dégénitalisé, la communauté BDSM le nomme « subspace ». Les témoignages sont nombreux. Le bondage naît en Asie, plus particulièrement au Japon, dès le XVe siècle. À l'origine, cette pratique était une référence aux supplices que les esclaves torturés au moyen de cordes ficelées sur leur corps se voyaient infliger. En Occident, l'iconographie religieuse atteste des premières expériences de ce ligotage en règle. Que ce soit en Orient ou en Occident, des cas d'extase érotique sont évoqués lors d'actes de torture ou de pénitence. Un glissement de sens apparaît au XIXe siècle passant d'une pratique de coercition à une forme recherchée d'excitation érotique. Au fil des interviews et des témoignages que j'ai pu recueillir à l'occasion de la publication d'un ouvrage consacré au bondage[1], j'ai observé que le BDSM apparaissait comme un terrain de jeu à l'intérieur duquel des adultes consentants mettent en scène leur propre fantaisie érotique de manière assumée et transgressive, dans un cadre sécurisé. Les motivations à l'origine de l'expérience du bondage se conçoivent communément en tant que liberté jouant

1. M. Croset-Calisto, *Bondage. Théorie érotique des cordes et de l'attachement*, La Musardine, 2016.

avec les rapports de forces ; en tant que pratique venant désorganiser les codes sociétaux et les relations humaines établies (jeux de rôles et renversement des codes), mais aussi à des fins excitatoires et orgasmiques. La constriction puis le lâcher-prise qu'offre l'encordage permettent à l'être de tester une nouvelle forme de liberté, une véritable « extimité » contemporaine (nous y reviendrons dans le chapitre suivant), laquelle se nourrit de l'expérience intime et du regard des autres pour exister. La revendication de soi à travers la mise en exposition de l'intime auprès des spectateurs-voyeurs engage la notion d'extimité. Se faire bonder en club ou en école d'apprentissage, c'est offrir son corps aux regards, dans toute sa souplesse, ses tensions et ses ouvertures. Se faire bonder, c'est également offrir ses réactions psycho-affectives, sa faculté de lâcher-prise et son éventuelle prise de plaisir aux yeux des autres. À travers le ligotage, des messages sont émis. Ils peuvent se lire à même la peau. La chair est à vif ; un dialogue à travers le cheminement des cordes investit le tissu corporel de l'encordé. Une communication sans mot apparaît petit à petit. Aussi, la scripturalité des cordes de tissu sur le corps vient remplacer l'oralité des cordes vocales. Un nouveau langage surgit. Un nouveau type de jouissance aussi… Le subspace correspond à des manifestations similaires à celles de l'orgasme. Du côté de l'attacheur, le vertige est celui de voir son ou sa partenaire se laisser totalement aller entre ses mains. Désir d'emprise et de possessivité. Le pouvoir des cordes à travers la géométrie des nœuds, tout comme le crissement de la matière sur la peau, peut conférer un caractère hautement érotique à la mise en scène. Les ligatures font alors office d'écran où peut s'inscrire et se lire la marque de soi. Pli de la marque dans le repli de soi... Véritable articulation, le bondage devient un exosquelette de cordes. Il tient, maintient et révèle l'être dans une philosophie de l'entrave et de l'extase nommée subspace[1]... Cela renvoie à la notion *d'étayage de la pulsion sexuelle*, selon Freud. Pour reprendre une de ses expressions, il est possible de dire aujourd'hui que le bondage participe également d'une mise en jeu des « pulsions sexuelles partielles ». En langage de sexologue, on dirait plutôt qu'un décalage de la satisfaction sexuelle s'opère en délaissant les caractères sexuels primaires (vulve, vagin, pénis) au profit d'une érotisation des caractères sexuels secondaires (torse, sein, cuisses, pieds, etc.). Car dans le bondage, la sexualité n'est pas vécue « telle quelle » ni « comme telle ». À l'instar des « orgasmes de la peau », elle est décalée, transportée. Le délaissement, voire la déconstruction du plaisir génital laisse donc place à d'autres formes de plaisir et permet aux adeptes de sortir du clivage des genres et des sexes. Le subspace possède les mêmes manifestations que l'orgasme sans être produit par une génitalisation des rapports. La pénétration ne fait pas partie des pratiques officielles de bondage.

Au vu de ces différents exemples (non exhaustifs) d'orgasmes dégénitalisés dont l'attrait en Occident s'avère indéniable depuis quelques années, je reviens sur l'idée de considérer la sexualité et les nouvelles modalités de plaisir comme « un ousexpo », c'est-à-dire à la manière

1. *Ibid.*

de l'art littéraire de l'Oulipo[1] : un « ouvroir de sexualités potentielles ». Car force est de constater que les zones du plaisir se transforment et se diversifient au fil du temps, notamment via la mécanisation et l'industrialisation mais aussi et surtout depuis vingt ans avec l'arrivée du numérique dans nos vies.

Par-delà les sciences et l'histoire de l'orgasme, ses représentations dans l'art ont fortement contribué à la connaissance médicale et à la reconnaissance sociétale de la jouissance humaine. Les figures et défigures de l'orgasme ponctuent le XXe siècle d'images aussi subversives que différenciées. Aujourd'hui un fait s'est imposé : la sexualité se vit sur un mode de plus en plus connecté. Les écrans et interfaces numériques font partie des scénarios sexuels réguliers. L'intimité s'expose sur la Toile ; les zones franches du plaisir s'amplifient et se démultiplient au rythme des connexions, des hybridations et des immixtions. Le moi-cyborg[2] s'est imposé. L'identité s'est robotisée. Serait-ce le temps des avatars, des orgasmes hyperconnectés et de la sexualité augmentée ?

---

1. L'Ouvroir de littérature potentielle, généralement désigné par son acronyme Oulipo : groupe français de littérature inventive et innovante né au milieu du XXe siècle, il a pour but de découvrir de nouvelles potentialités du langage et de moderniser l'expression à travers des jeux d'écriture.

2. En référence aux récents ouvrages de S. Tisseron et F. Tordo : F. Tordo, *Le Moi-cyborg. Psychanalyse et neuro-sciences de l'homme connecté*, Dunod, 2019 ; S. Tisseron et F. Tordo, *Robots, de nouveaux partenaires de soins psychiques*, Eres, 2018.

Chapitre 2

Le passage de l'intime à l'extime

L'hystérie selon Charcot : quand l'exposition encourage la confusion

Force est de constater que les photos des séances de Charcot face aux professeurs de l'Académie de médecine demeurent un exemple historique d'autorité médicale sur les femmes. Face aux « épisodes hystériques » de ses patientes, Charcot décide de créer grâce à l'hypnose une nosographie qui permet de comprendre les ressorts des conflits intrapsychiques de symptômes psychocorporels. Toutefois, entre l'observation et ses conclusions, il y a un monde qui pose toujours question.

L'état particulier décrit, de suspension des sens et même de l'intelligence, a été rangé par Charcot dans la troisième phase de la grande crise hystérique, la phase des attitudes passionnelles, au même titre que l'hallucination de l'ouïe, l'appel, la supplication amoureuse, l'érotisme ou la moquerie. Cette conception rangeait l'extase dans l'hystérie conçue comme une maladie neuro-cérébrale, ce qui constituait un indéniable progrès, mais aboutissait à une réduction de tout état mystique à un trouble pathologique, déterminé cérébralement, trouble soigneusement classé[1].

L'histoire a fait d'emblée de l'hystérie une histoire de femmes, jusque dans son étymologie même, *hyster* ou *hustéra*, signifiant « utérus ». Si la médecine fait des avancées, c'est souvent, comme nous l'avons vu en première partie, selon des stéréotypes et des codes bien genrés :

> On sait que l'hystérie a été conçue au début du XIXe siècle comme une maladie de femme suivant les conceptions classiques. Pinel la lie encore au corps féminin et en fait une névrose génitale « dont le siège réside dans l'utérus ». Les relations sexuelles et le mariage étaient considérés comme le meilleur remède à ce trouble pathologique qui va être comparé de plus en plus aux états des convulsionnaires et des possédées. Le milieu du XIXe siècle voit le triomphe des thèses neurocérébrales avec Briquet (*Traité clinique et thérapeutique de l'hystérie*, 1859). L'hystérique est encore une femme souffrante, pauvre et malheureuse, mais qui se livre à des excès sexuels et une forme de dépravation.

Et Lakhdari de nous confirmer le rôle de la photographie dans l'histoire de l'hystérie :

> Avec Charcot s'impose, entre 1870 et 1890, une théorie purement organiciste et neurologique de l'hystérie [...] L'hystérie est alors conçue comme une maladie déterminée neurologiquement, codifiée dans un discours clinique. Deux techniques modernes sont utilisées, la photographie pour

1. Sadi Lakhdari, « Hypnose, hystérie, extase : de Charcot à Freud », *Savoirs et clinique*, n° 8, 2007, p. 201-209.

observer et fixer les symptômes insaisissables de l'hystérie et l'hypnose pour les reproduire expérimentalement[1].

Face à la répétition exacte des symptômes d'un épisode hystérique à l'autre, Charcot déclarera avec force : « C'est toujours la même chose, quel mécanisme ! Quelle régularité ! » Mais *quid* de la simulation ? *Quid* du transfert et des effets de séduction entre médecin et patient(e)s si bien démontrés dans certains films comme *Augustine* (2012) ?

Freud, venu suivre l'enseignement de Charcot en 1885-1886 à Paris, s'inspire des enseignements du maître qu'il admire pour élaborer les fondements de sa psychanalyse, mais un temps seulement. Car il déchantera vite et prendra peu à peu ses distances avec Charcot. L'hypnose sera récupérée par Freud à des fins de guérison des patients, et non de leur exploitation devant des parterres de médecins-spectateurs en quête de sensations.

Charcot, fort de son durable succès, dresse une classification rigoureuse de ces symptômes, tout en admettant (du bout des lèvres) que l'hystérie peut également toucher les hommes. Mais ce sont surtout les femmes qui l'intéressent et intéressent l'Académie de médecine. Quitte à créer des dérives et des abus dans le monde même des « sachants », comme le démontre si bien encore le roman de Victoria Mas *Le Bal des folles*, brillamment adapté par Mélanie Laurent[2].

---

1. *Ibid.*
2. Il est à noter qu'en 2022 les plaintes relatives aux déviances de certains médecins durant leur examen clinique existent encore.

Dans son ouvrage *L'Invention de l'hystérie. Charcot et l'iconographie photographique de la Salpêtrière*[1], Georges Didi-Huberman retrace les quatre phases de l'hystérie selon le professeur (prodromes, périodes épileptoïdes, attitudes passionnelles et extases, période de délire) et démontre comment la « théâtralité stupéfiante, excessive, du corps hystérique » fut subrepticement mise sur le devant de la scène par les clichés photographiques.

L'analyse de ces images révèle aussi l'acte de mise en scène dont les hystériques firent l'objet de la part des médecins. Charcot fut là un « artiste », mais en quel sens[2] ?

Si les images des patientes de Charcot ont pu faire avancer la science, elles ont surtout créé d'emblée dans les mentalités un raccourci entre jouissance féminine et pathologie. Comme si l'appareil photographique avait été le révélateur d'une corrélation entre deux états – l'extase et la pathologie – évidemment différenciés. Le problème de l'image dans les pratiques médicales, mais surtout du rôle et des enjeux de l'Académie de médecine de l'époque est alors posé. De mon point de vue, cet épisode des « hystériques de Charcot » représente une des premières datations médicales du privé (les convulsions intimes) qui s'expose en public. La problématique de l'intime et de l'extime[3] voit le jour.

Plusieurs associations viennent de se créer notamment face aux dérives de certains gynécologues (langagières, comportementales chirurgicales même, lors d'épisiotomies par exemple).

1. Macula, 2012.
2. *Ibid.*, présentation de l'éditeur.
3. Nous aborderons la problématique de l'intime et de l'extime en dernière partie d'ouvrage.

J'exhibe, tu exhibes... Quand le privé s'affiche en public

Un siècle plus tard, avec l'arrivée d'Internet et des écrans dans les ménages, les scripts de la sexualité ont changé. Le rapport à soi aussi. La commodité technique des téléphones portables a modifié les réseaux du monde autant que l'interface des rapports amoureux et conjugaux. L'ère des selfies a sonné et avec eux tout l'enjeu du rapport au corps et à l'intimité. Désormais les choses privées se montrent, s'exposent même, dans des poses plus ou moins osées qui font de la chose privée un fait public.

« L'affaire » Griveaux le confirme. C'est un exemple parmi tant d'autres de la numérisation et de l'exhibition du sexe actuellement dans notre société. C'est un fait, depuis une quinzaine d'années, *Playboy* a cédé le pas au numérique avec des sites pornographiques amateurs de type « sexe fait maison[1] », qui eux-mêmes se sont effacés peu à peu devant l'inflation des sextapes à foison. Qu'est-ce à dire ? D'un point de vue anthropo-sexologique, beaucoup. Là où le voyeurisme des magazines faisait encore recette dans les années 1990, les années 2000 se sont sexuellement construites dans une vague d'échangisme, de mélangisme et de côte-à-côtisme qui ont fait la fortune des clubs et des soirées privées. Mais les choses ont changé. Les années 2010 et 2020 révèlent un tout autre rapport au sexe et à l'orgasme. Les codes actuels sont ceux de

1. L'exemple le plus révélateur est la plateforme Jacquie et Michel.

l'*extimité*. Les réseaux sociaux comme Facebook, WhatsApp, TikTok, Instagram, Pinterest y sont pour beaucoup. Véritables relais de la vie intime, ils proposent une saisie de soi qui joue sulfureusement avec le « hors de soi ». Voilà l'enjeu, notamment sexuel, tous âges et toutes catégories confondus. Là où l'intimité se vivait jusqu'à présent à l'intérieur des chambres et dans les alcôves feutrées, il faut désormais composer avec un médium supplémentaire, l'accessoire numérique de l'œil téléphonique (ou de la caméra), qui fait que toute histoire peut vite se transformer en cauchemar. Victime de la technologie, Benjamin Griveaux représente malgré lui un parangon moderne des nouveaux usagers de la technologie privée à des fins potentiellement publiques. Et il est loin d'être le seul ! Mais creusons davantage l'analyse. Derrière ce genre d'affaire, c'est une nouvelle approche de la sexualité qui « s'exprime » : l'intimité change de registre et de modalité expressive. Dans le discours amoureux, le recours aux écrans semble avoir pris le pas sur les échanges sensoriels. L'expérience intime se voit littéralement supplantée par l'acte *extime* où les images font office de caresses et de baisers bien placés... Désormais la sexualité se vit aussi à distance et en 4G.

Le concept d'extimité fut théorisé pour la première fois par Jacques Lacan dans son séminaire XVI, « D'un autre à l'Autre », en 1969. La formule resta confinée à la pratique psychanalytique plusieurs décennies, avant d'être reprise et remise au goût du jour par Serge Tisseron dans son ouvrage *L'Intimité surexposée*, en 2001. Pour Lacan, le principe d'extimité témoigne de la relation ontologique du sujet au monde, de son processus d'individuation autant que de sa reconnaissance sociale. Il se réfère à l'extimité pour évoquer le processus fondamental du rapport du sujet à la « chose », lieu même où se noue le processus de symbolisation. Parallèlement à cette approche, d'autres facteurs issus de notre modernité peuvent compléter cette définition. La pulsion scopique (dialectique du voir tout en étant vu) que la lentille du téléphone portable induit par exemple est un critère à prendre en compte. Beaucoup adorent se mettre en scène (en solo, en couple, etc.) devant leur caméra. L'activité nommée « sextape », « sexting » ou « sexto » selon les lieux et les usages engage une motivation narcissique à offrir et jouer avec son corps, en domaine pseudo-privé. Le regard d'autrui – tantôt réel, tantôt numérique, tantôt émoussé, tantôt sidéré – participe de la montée d'excitation du sujet qui s'expose. La réception, la reconnaissance, voire les compliments qui s'ensuivent confortent et valident une performance non pas sexuelle mais *visio-sexuelle*, dont les effets viennent sinon satisfaire physiologiquement l'émetteur, du moins renforcer son ego à travers l'expérience accomplie. À ce stade de l'écran-miroir si j'ose dire, plutôt que de parler d'exhibitionnisme, de pathologie, paraphilie, perversion, il serait préférable de parler de principe d'extimité en substituant « l'extimité » des temps présents à l'exhibitionnisme d'antan. Car si l'on analyse l'affaire actuelle – autant que les discours recueillis chaque jour en cabinet de consultation sexologique –, derrière le mot il en va de la particularité de la chose ; la volonté de monstration, origine même de tout principe d'extimité. L'enjeu n'est donc plus le vécu d'une alchimie tactile entre deux corps, mais bien l'exposition de soi ou en tout cas d'une partie de soi, souvent flatteuse (selon les témoignages, les membres honorables s'exposent plus facilement), qui par son don projette et attend le contre-don ; ce retour à l'envoyeur attendu se fonde sur une projection induisant un renforcement narcissique de l'émetteur, qui via l'écran-miroir expose autant à soi qu'à l'autre son sexe. Le retour n'est jamais frustrant puisque si l'autre ne répond pas au contre-don, l'image et l'action par elles-mêmes suffisent à combler déjà l'émetteur. Force est donc de constater que l'écran ne fait justement plus écran, au profit d'une fonction spéculaire. Quant aux récepteurs ou réceptrices, ils deviennent l'argument et l'alibi idéal permettant l'envoi d'une vidéo « extraite de soi » visant un retour à soi. Il est possible d'y voir alors une nouvelle donne du portrait intime, construit à partir du passage à l'acte extime. Plus qu'un portrait, il s'agit d'un autoportrait envoyé à la face du monde. L'écran dans sa faculté d'irradiation en réseau devient un médium de risque avec lequel jouent plus ou moins consciemment les amoureux spéculaires. Le téléphone incarne de fait un canal privé à potentiel exacerbé. Le sexting le prouve, ce ne sont plus les pin-up sur papier glacé qui créent l'excitation mais le miroir même de soi rendu possible via l'écran, toujours là, avec soi (téléphone portable, ordinateur, tablette). Par sa capacité de mise en scène en miroir, le sexting ne revendique pas une sexualité partagée mais un renforcement narcissique de plus en plus ritualisé. Derrière cette pratique de performance sexuelle sublimée, on pourrait retrouver la définition du retour au narcissisme que Freud donnait dans son texte *Formulations sur les deux principes du cours des événements psychiques* en tant que processus d'autoconservation. Le retour narcissique comme mode d'autoconservation consiste à dévier la pulsion d'agression capable de mener tant à la barbarie qu'à l'anéantissement de soi. Dans cette optique, la masturbation par exemple peut se concevoir comme un mode d'autoconservation au sens freudien assurant le maintien et la décharge du sujet (réelle et symbolique) face aux envahissements des pulsions d'agression, de séduction, de destruction. La masturbation filmée ajoute encore une dimension supplémentaire à la pratique intime/extime. Aussi incarne-t-elle une mutation majeure dans l'économie psychique, libidinale, sociale et politique de notre époque. Incontestablement, la visio-sexualité s'affiche comme un nouveau tain de la société.

La visibilité des femmes fontaines : analyse d'une vague médiatique

Un autre exemple qui sort de la sphère intime et s'expose de plus en plus est l'engouement des médias et du public en général pour les femmes fontaines, c'est-à-dire qui produisent une sorte d'« éjaculation féminine » lors des rapports sexuels. Phénomène de mode ? Avancée relationnelle ? Marque de parité des sexes ? Les demandes de vidéos sur Internet relatives aux femmes fontaines ainsi que les commentaires des hommes sur le sujet n'ont jamais été aussi en vogue que depuis une dizaine d'années maintenant. C'est bien simple, presque tout le monde connaît désormais cette possibilité qu'ont les femmes de « mouiller les draps » durant l'orgasme. De mon point de vue, le phénomène des femmes fontaines est à corréler à celui de l'extimité. Il participe de la « monstration » contextuelle de la jouissance et tend à valoriser tant l'émettrice que les destinataires. Mais de quoi parle-t-on exactement ? Le sait-on vraiment ? À vrai dire, il y a plusieurs écoles. Et pour tout dire les sexologues, les médecins, les gynécologues ne se sont toujours pas mis d'accord entre eux ! La théorie officielle, depuis quelques années, est que les glandes para-urétrales appelées aussi glandes de Skene (situées autour de l'urètre) représenteraient un équivalent de la prostate masculine et seraient à l'origine de cette émission de liquide inodore lors de l'orgasme. Une sorte de liquide « prostatique » somme toute, qui peut jaillir sans crier gare et de manière abondante. De quoi faire le lien naturel avec l'« éjaculation » masculine. Mais une question se pose encore. Pour diverses raisons, toutes les femmes n'ont pas forcément de glandes de Skene. Et il apparaît que celles qui n'en possèdent pas peuvent cependant être femmes fontaines. Voilà qui pose problème. Et pour la majeure partie qui s'en trouve dotée, notons aussi que toutes ne sont pas forcément femmes fontaines. La corrélation n'est donc pas automatique. Cependant, pourraient-elles toutes le devenir ? Et ce à leur insu ou de leur plein gré ? Cette hypothèse de la prédisposition féminine à devenir femme fontaine a généré depuis plusieurs années une sorte de « course à l'éjaculation féminine » et une nouvelle injonction dans certains couples. Pour être sûrs qu'une femme a « bien joui », une flopée d'hommes attendent de leur compagne qu'elle le prouve ! Comment ? Eh bien selon le modèle même des vidéos porno où des centilitres de liquide (provenant des glandes de Skene ? de cyprine ? autre… ?) jaillissent par à-coups, tel l'éjaculat des messieurs. Pour de nombreux sexologues, il est important de relativiser. Car derrière cette sacralisation des femmes fontaines existe un désir de réassurance et de renarcissisation de certains hommes par rapport à leurs compétences d'amant. Le raccourci est souvent simple : voir une femme « éjaculer » correspond dans l'imaginaire collectif à voir une femme « prendre son pied »… Or, les hommes le savent bien eux-mêmes, toutes les éjaculations ne se valent pas ! Pour les femmes, c'est la même chose : il arrive que les « éjaculations » surgissent de manière réflexe ou automatique. Bien sûr, de plus en plus de femmes connaissent et expérimentent ces effets « fontaine ». Il ne s'agit absolument pas de remettre en cause cette fonction physiologique sexuelle. Par ailleurs, le fait de pouvoir en parler dédramatise et démocratise le sujet. C'est une avancée dans la vie des couples. Ils ne subissent plus ce phénomène biologique mais s'en servent en général comme d'un moteur fantasmatique. Les tenants et les aboutissants de ces jaillissements demeurent toutefois à découvrir. Comme je le disais, plusieurs voix se font entendre. Outre l'explication désormais officielle des glandes de Skene, d'aucuns émettent d'autres pistes, tel le Pr Bernard-Jean Paniel qui, dans l'enquête d'Élisa Brune sur le plaisir féminin, émet l'hypothèse que ce liquide provient de la vessie et qu'il s'agirait d'une solution aqueuse, « non chargée encore en toxine, ni colorée, ni odorante[1] ». Ce liquide serait expulsé au moment de l'orgasme par des mouvements sporadiques de la

1. É. Brune, *Les Révolutions du plaisir féminin*, *op. cit.*, p. 55.

vessie qui se viderait au rythme des spasmes et contractions pelviennes. Le Dr Sylvain Mimoun, gynécologue et sexologue, confirme que si on parlait donc d'urine diluée à la place d'éjaculation féminine, le discours médiatique et fantasmatique frémirait à tous les coups ! L'andrologue et sexologue Pierre Desvaux enfonce le clou en rappelant que toutes les femmes ne sont pas forcément ravies d'être femmes fontaines et que, en effet, « si on parlait d'urine, on sortirait complètement du conte de fées... et de l'entreprise commerciale, car autour de ce must de la femme fontaine, un business s'est rapidement mis en place (livres, DVD, formation...)[1] ».

D'autres thèses encore définissent ce liquide comme du plasma sanguin chargé en sucre (partie aqueuse du sang) et qui serait analogue au liquide servant à la lubrification du vagin et de la vulve, telle la cyprine.

Une chose est sûre, à l'instar des recherches et des connaissances sur le clitoris, le mécanisme jaculatoire des femmes fontaines résiste toujours aux avancées scientifiques. Il se maintient dans une bulle onirique où les fantasmes vont bon train. Les médias en parlent d'ailleurs bien plus que la science. Cependant, un nouveau coup de tonnerre s'est produit et des explications de plus en plus probantes voient le jour. Une nouvelle définition serait que le liquide est expulsé lors d'une tension et d'un relâchement extrêmes (le principe même de l'orgasme). Les Drs Pierre Desvaux et Samuel Salama ont déclaré *in fine* que le phénomène des femmes fontaines était finalement... double ! D'une part il y a bien une

1. *Ibid.*, p. 59.

éjaculation féminine produite par les glandes de Skene, mélangée aux sécrétions vaginales, qui ne représenterait qu'une toute petite quantité du liquide produit. D'autre part il y aurait aussi de l'urine diluée en provenance de la vessie, via l'urètre, et ce en bien plus grande quantité que l'éjaculation produite par les glandes de Skene. Ce phénomène provenant de la vessie se nomme le *squirting* et correspond à une émission abondante de liquide (proche de l'urée, plus ou moins diluée, au final).

La science semble avoir tranché : l'éjaculation féminine est produite d'une part par les glandes de Skene et la cyprine (en petite quantité), d'autre part par le *squirting* à base d'urine sécrété en grande quantité. Ces deux facteurs expliqueraient le mécanisme de l'éjaculation des femmes fontaines. Dernière question que l'on peut alors se poser : si le liquide des femmes fontaines est essentiellement composé d'urine, pourquoi n'a-t-il pas d'odeur ? Réponse : parce que cette urine étant fraîchement produite lors du rapport sexuel (les reins travaillent et remplissent la vessie lors d'un rapport, surtout si ce dernier est prolongé), les bactéries odorantes contenues dans l'urée n'ont pas encore eu le temps de s'y fixer : l'urine n'est au final pas véritablement « diluée » – comme on pouvait le penser – mais simplement non « dégradée » par la charge bactériologique qui arrive plus tard dans le processus génito-urinaire.

Ainsi, la mise en avant des femmes fontaines participe de cette nouvelle visibilité des spécificités de la sexualité, et plus spécifiquement de l'orgasme féminin. La jouissance féminine non seulement s'expose, mais devient un élément propice à la confrontation entre les sexes. La femme « éjacule », l'homme la fait éjaculer. Qui éjaculera le mieux des deux ? Nouvelle concurrence dans la vie des couples ! Renversement des codes qui permettent à certains de « jouir » de leur pouvoir grâce à l'assurance (visible cette fois) de la jouissance de leur amante. Car une femme fontaine *a priori* ne simule pas. La physiologie a parlé. Et si le liquide trempe, il ne trompe pas, pensent encore la plupart des partenaires. Ainsi, le renforcement narcissique de certains hommes qui pensent qu'il « font jouir à tous les coups » leur partenaire fontaine, leur permet de s'extraire du doute. Mais nous savons tous que la réponse sexuelle physiologique (gonflement des grandes lèvres, des aréoles, accélération du rythme cardiaque ou encore manifestation physique de l'orgasme même avec éjaculation féminine) recouvre différents degrés de plaisir. Et parfois même frôle le degré zéro. L'éjaculation féminine correspond avant tout à une réponse sexuelle spécifique, bien avant une déclaration d'orgasme réussi.

Et que disent les femmes ? Pour elles, depuis la vague médiatique « femme fontaine », le temps de la honte semble révolu (et c'est tant mieux). En général, les femmes sont fières et heureuses de montrer à leur partenaire l'effet qu'il leur fait. Cela participe d'une transparence de la jouissance qui non seulement se dit, mais se montre désormais aussi. Imparable. Au final, les témoignages des partenaires sont souvent très positifs et la quête de cette « pluie d'or » renforce les couples. Alors qu'auparavant les femmes tentaient de cacher du mieux possible cette « liquidité » honteuse, aujourd'hui elles brandissent vaillamment le sigle « femme fontaine ».

Cette autre révolution participe du principe d'extimité dans notre société. Principe qui est apparu essentiellement depuis l'arrivée du numérique et des écrans qui, telles des loupes sur la vie des gens, affichent ce qui demeurait jusqu'alors caché, occulté. Le phénomène des femmes fontaines a tout d'abord pris de l'ampleur sur les sites pornographiques, jusqu'à devenir une catégorie spécifique dans la multitude des possibilités proposées. La fiction de l'industrie porno mêlée à la distanciation opérée par les écrans a permis au public (essentiellement masculin, les sites pornographiques étant encore consultés principalement par des hommes) de se familiariser avec « l'éjaculation féminine » jusqu'à créer une demande de leur part. Puis le virtuel a débordé dans le réel. Aussi, avec l'arrivée du cinéma à grande échelle, puis d'Internet avec la technologie numérique, les révolutions sexuelles se sont déployées d'une autre manière, entre réel, fictif et imaginaire. Les écrans ont ôté le voile de la pudeur pour offrir à voir ce qui se passe en coulisses. Manifestation de l'ob-scène. Le pouvoir des écrans est immense puisqu'il transforme tant les représentations que les comportements sexuels. Pressentie depuis des décennies, la sexualité en images a désormais trouvé ses mediums à travers le principe d'extimité.

Sexe et représentations : censure, luxure et numérisation

Si l'orgasme se vit, s'étudie, se lit, se photographie, il se filme, s'écoute et se danse aussi. Depuis la nuit des temps, les scènes culturelles représentent un lieu privilégié pour l'exposition de la sexualité. La jouissance, qui met en émoi le corps et les sens, ne cesse d'être questionnée, incarnée, sublimée par les créateurs de tous bords.

Au cinéma, jusque dans les années 1970, la censure imposait aux réalisateurs de trouver des parades. La parade nuptiale animalière était tout indiquée ; la métaphore « bestiale » vint servir et soutenir la cause humaine, notamment avec le chant du rossignol. Dans *Une partie de campagne*, de Maupassant, par exemple – nouvelle portée à l'écran par Jean Renoir en 1946 –, le rossignol sert ingénieusement au réalisateur pour symboliser et dérouler les quatre phases de l'orgasme, entre la jeune Henriette et l'un des deux plaisants canotiers. Les modulations du chant, le frétillement du « petit oiseau » agissent comme de formidables métaphores et engagent les spectateurs dans une connivence sexuelle à les rendre gais comme des pinsons !

Malgré la naissance de la Nouvelle Vague, la censure reste importante. En 1966, *La Religieuse*, de Diderot, adapté par Jacques Rivette, se voit retoqué par le ministère de l'Information. Le scandale annonce la révolution de Mai 1968. La levée des interdits devient un enjeu politique. Dans les années 1970, les lois vont s'assouplir car la population est du côté de la liberté d'expression et fait pression sur le pouvoir politique. Par ailleurs, les métaphores début de siècle ne font plus recette et, petit à petit, le sexe se filme et s'entrevoit dans toutes les salles obscures. Par-delà les images, les réflexions sur l'orgasme vont également bon train. En 1968, le film *Barbarella*, de Roger Vadim, met en scène Jane Fonda dans une société futuriste où l'orgasme est procuré sur demande grâce à une petite pilule[1] qui, lorsqu'elle est ingérée simultanément par un homme et une femme qui se tiennent la main, les mène *illico presto* au nirvana. Toutefois, c'est compter sans la machine orgasmique qui s'emballe... Piégée et glissée sous les cordes d'un piano fou qui stimule les sens jusqu'au trépas, l'héroïne succombera-t-elle aux pouvoirs de l'instrument en délire par excès de plaisir... ? Le corps de Jane Fonda déborde de sensualité et la réification hystérisée de l'actrice (créée par l'homme réalisateur et, qui plus est, amoureux) prolonge les clichés et la fétichisation de la femme-objet à la sexualité excessive, devenant totalement incontrôlable. Le film, sorti deux ans après les publications de Masters et Johnson, s'inspire de la thèse sexologique du désir féminin, à savoir « Plus une femme fait l'amour, plus elle le peut, et plus elle le peut, plus elle fait l'amour. »

Dans la même veine, le film *Woody et les robots*, de Woody Allen (1973), propose aux individus devenus impuissants ou « frigides » d'entrer dans une sorte de cabine, nommée Orgasmotron, afin d'obtenir un shoot sexuel et de repartir d'un bon pied dans la vie quotidienne. L'incroyable essor actuel des sextoys n'annoncerait-il pas des « orgasmotrons » à foison dans nos vies quotidiennes ?

Si l'on considère le traitement accordé à l'orgasme et à la sexualité au cours des XXe et XXIe siècles, force est de constater qu'une mutation des représentations s'est

1. La pilule bleue du Viagra arrivera trente ans plus tard !

opérée. Métaphorisé, suggéré (rappelons-nous cette formidable scène des mains des *Amants*, de Louis Malle, qui se tordent et s'entrelacent au rythme des soupirs et des effusions) puis romantisé, l'orgasme s'est tout d'abord immiscé dans les chaumières fort poliment, par la porte d'entrée. Avant de faire effraction de toutes parts, avec l'arrivée de la pornographie sur grand écran. En 1971, le succès d'*Emmanuelle*, de Just Jaeckin, confirme la tendance et annonce le potentiel commercial du cinéma érotique, voire pornographique. L'exhibition des corps et des coïts attire les foules. Les gros plans s'accumulent. Quant à l'actrice Linda Lovelace, héroïne de *Deap Throat* (*Gorge profonde*, 1972), elle fait découvrir à qui mieux mieux l'existence de son clitoris... dans sa gorge ! Puis l'arrivée d'Internet change la donne. Dès les années 2000, les sites pornographiques accaparent le marché du sexe en présentant des corps et des situations de plus en plus clivants et stéréotypés. La multiplication des sites pornographiques modifie profondément l'éducation à la sexualité des générations X, Y et Z. Avec l'arrivée du numérique, la pornographie est devenue un élément incontournable de notre société contemporaine. Désormais, l'accès aux images et aux informations liées au sexe sont accessibles depuis n'importe quel écran. Et pour en revenir à notre problématique, il apparaît que la pornographie a imposé au fil du temps des critères « hors normes » susceptibles de provoquer chez de nombreux jeunes (et moins jeunes) un malaise ou encore des doutes quant à leurs facultés d'érection, d'éjaculation, de gestion des rapports sexuels mais aussi affectifs. La course à la performance fait partie des critères du porno et il n'est pas rare de recevoir des jeunes de 25 ans en demande de Viagra, Cialis ou Levitra, dans le but simplement de « tenir plus longtemps »... Désormais, la pornographie est la première information sur la sexualité que rencontrent (volontairement ou non) les adolescents. Rappelons qu'aujourd'hui un garçon sur deux et une fille sur trois à l'âge de 11 ans se retrouvent confrontés à des images pornographiques via les téléphones portables et les réseaux sociaux. Or, les cours relatifs à la sexualité ne sont pas légion au sein des programmes scolaires et le but de l'industrie pornographique relève davantage du commerce que de l'enseignement... Il y a donc des choses à faire, parce qu'au-delà du constat c'est toute une génération qui se retrouve confrontée à de fausses croyances et à des images qui encouragent la performance sexuelle – et donc à une quantification de l'acte au détriment de sa qualité. Malaise dans l'orgasme. La surconsommation de porno avec l'arrivée d'Internet est venue brouiller le curseur du réel et de l'imaginaire, elle alimente la spirale du stress et des anxiétés de performance. Culte du corps, taille du pénis, durée, pratiques extrêmes confèrent aux pratiques sexuelles une dimension *no limit* qui peut bouleverser la sexualité entre les partenaires. La technique ne fait pas une relation. Je tiens à préciser que mon intention n'est pas de diaboliser la pornographie (qui d'ailleurs s'est récemment diversifiée), mais d'informer sur ses potentielles conséquences sur l'imaginaire saturé, les angoisses de performance générées, l'estime de soi affectée, le respect d'autrui parfois altéré, le sens de l'engagement et les sentiments questionnés, les addictions souvent rencontrées... L'enjeu réside dans des mesures de prévention et d'accompagnement – notamment auprès des jeunes – afin de les informer des effets possibles d'une consommation excessive pouvant provoquer à l'âge adulte un certain nombre de troubles sexuels et affectifs, notamment des anorgasmies (impossibilité d'arriver à l'orgasme). L'information, la prévention et la faculté de discernement restent en la matière les meilleurs prérequis de l'épanouissement sexuel. Mais revenons à nos films. Après l'essor de la pornographie et avec l'arrivée d'Internet, une nouvelle caractéristique apparaît : la robotique et l'intelligence artificielle au service des rapports intimes. Est-ce possible ? Ce qui est sûr, c'est que le cinéma produit un effet sur la vie des couples ; les orgasmes connectés ont intégré de plus en plus les séries et les fictions autant que les foyers ces vingt dernières années. Chacun cherche son sextoy ou son avatar idéal dans un monde virtuel et connecté. Le distanciel et l'hybridation prennent de l'ampleur. La pandémie, avec ses différents confinements, a accentué le phénomène. L'heure sexuelle accessoirisée ou sublimée aurait-elle sonné ? Le virtuel est-il en train de détrôner le naturel ?

À vrai dire, l'histoire du cinéma est un formidable révélateur de la sexualité humaine. Retraçant le passé (fonction historique et descriptive), le cinéma révèle le présent des couples (fonction sociologique) tout en élaborant l'avenir (fonction prospective). L'histoire de la sexualité dans toutes ses temporalités – passé, présent, futur – alimente les bobines de films. Et si l'on se penche du côté des films d'avant-garde ou de science-fiction, le traitement accordé à la sexualité en général et à l'orgasme en particulier relève d'un effacement des relations au profit d'une mécanisation, d'une robotisation voire d'une annihilation de tout plaisir entre les sexes. Après la censure, le romantisme et la vague pornographique qui constituèrent une partie de l'histoire du sexe au cinéma, la sexualité connectée, mécanisée et cybernétique incarne les grands bouleversements de la fin du XXe siècle et du début du XXIe. Dangereuse, maladive, violentée, aseptisée, sublimée, la sexualité des années 2000 n'est pas une partie de plaisir. Kubrick avait ouvert le bal en 1971 déjà, avec *Orange mécanique*. Puis vinrent des anticipations grand public comme *Demolition Man* (1993) dans lequel l'orgasme humain est aboli et se produit uniquement par ordinateurs interposés. Dans *Antichrist* (2009), Lars von Trier prend les spectateurs en otage d'une scène de viol dès les premières images de son film. L'auteur de *Breaking the Waves* (1996) poursuit son œuvre empreinte de sexe et de perversion à travers deux films particulièrement rudes : *Nymph()maniac I* et *II* (2013). Arrêtons-nous d'ailleurs un instant sur ce diptyque cinématographique. S'il est possible de considérer *Nymph()maniac I* comme une formule surréaliste évoquant l'association d'une nymphe et d'un maniaque sur un lit servant de table à dissection, *Nymph()maniac II* est tout autre. Morbide et tortueux, ce film plonge le spectateur dans les affres de la perte et de la déchéance vécue par l'héroïne, à travers les tréfonds de l'addiction sexuelle. Par le biais d'un film indéniablement rudoyant et parfois lugubre (contrairement à *Shame*, que nous avons évoqué en seconde partie d'ouvrage), Lars von Trier nous offre une étude des symptômes et des déboires d'une personne sous l'empire de ses pulsions sexuelles. Disons-le sans détour, le visionnage coûte au spectateur. Le réalisateur n'épargne ni son public ni son actrice, Charlotte Gainsbourg. Les chapitres fluctuent au rythme des évocations austères de l'héroïne (Joe) qui se perd dans sa spirale infernale : incapable de rester le soir auprès de son jeune enfant, la mère dépendante s'échappe chaque nuit retrouver un méphitique tortionnaire SM dont elle tire des fustigations administrées et une jouissance sanglante et mortifère. Dans sa propre perte physique, dans les ligatures et les nœuds produits par les instruments de flagellation, Joe recherche sous les cris ambivalents la présence psychologique et polymorphe d'un attachement. Quand son mari lui demandera de choisir entre ses sorties et leur vie de famille, Joe ne pourra résister à l'appel de la perte. Le choix est impossible. La dépendance devient vérité mise à nue. Une force entraîne invariablement Joe vers l'expérience de limites qu'elle ne sait et ne peut plus identifier. « Je ne ressens plus rien », « Remplis tous mes trous ! » assène-t-elle à son tortionnaire. Ses formules lancinantes mettent en évidence la béance palpable d'une femme vidée de sa substance psychique et corporelle. Elles expriment tant le dénuement intégral de son être que la quête insatiable d'expériences extrêmes lui permettant de retrouver (illusoirement) quelques bribes d'identité. Orgasme de la vacuité.

La dernière scène du film illustre l'éternel retour à travers la réaction pulsionnelle de l'homme vierge se décidant à jouir d'une femme qui a décidé justement de ne plus jouir. Le revolver, signe phallique par excellence, marquera la décharge finale. Orgasme mortifié.

En résumé, le second volet de *Nymph()maniac* se veut noir et glacial. Lars von Trier dissèque méthodiquement les enjeux révélant l'addiction au sexe d'une femme qui n'a pour alliées que la solitude, la quête et la perte désespérées de soi dans les autres. Il est à noter que cette ambiance de sexe mortifère était déjà latente et fort bien menée par des réalisatrices françaises comme Catherine Breillat avec *Romance*, en 1999, ou encore Virginie Despentes avec *Baise-moi*, en 2001.

Sans conteste, le sexe des années 2000-2015 flirte avec l'effroi. Et l'orgasme, entre injonctions, connexions et addictions, ne sait plus vraiment où donner de la tête. Nous sommes bien loin des théories de Reich et de Marcuse dans les années 1960 (mais aussi de René Char dans ses *Feuillets d'Hypnos*) qui voyaient dans l'éros et les fonctions de l'orgasme une possibilité de s'extraire de l'angoisse existentielle. Pour ces derniers, l'extase était une contre-terreur. Un travail de retournement du mortifère vers la pulsion de vie. Aujourd'hui, l'orgasme se situe en revanche soit du côté du manque ou de l'annihilation, soit du côté de la robotisation et du cybersexe. Une mise à distance s'est enclenchée : l'essor des sites de rencontre et des « dildos » connectés mais aussi des différentes formes de cybersexe et de rapports dégénitalisés viennent confirmer dans la réalité même, ce qui s'écrit et se décrit dans l'imaginaire des réalisateurs et des artistes depuis des décennies. Jusqu'au film *Titane* (2021), de Julia Ducournau, Palme d'or à Cannes, qui offre au spectateur l'une des plus éloquentes et incongrues scènes d'amour que le cinéma compte dans ses annales puisqu'il s'agit d'un rapport sexuel hautement érotisé entre une voiture vrombissante et l'héroïne du film.

Cette déréliction de l'orgasme se retrouve également dans les autres scènes culturelles, notamment en art contemporain, où les performances et représentations liées au sexe corroborent les approches cinématographiques de ces dernières décennies. Le but n'est pas de faire un inventaire à la Prévert des différents traitements accordés à l'orgasme mais là encore, qu'il s'agisse de bande dessinée (Guido Crepax, Milo Manara), de danse contemporaine (Philippe Decouflé, Mette Ingvartsen) de photographie (Robert Mapplethorpe, Nick Karras, Frannie Adams), de théâtre (Pascal Rambert, Jan Fabre) et bien d'autres encore, plusieurs ères se succèdent. L'ère métaphorique, l'ère érotique, pornographique, nihiliste, excentrique, cybernétique… Les origines sont à chercher notamment du côté des créatrices du XXe siècle qui n'ont eu de cesse de questionner, d'envisager mais aussi de dévisager les corps. Corps social, corps féminin, corps sexué… le corps est au cœur des représentations artistiques du XXe siècle.

À l'instar du cinéma, il semblerait que la surprésence du sexe, non pas dans ses plaisirs mais plutôt dans ses assauts et ses blessures soit devenue la norme artistique actuelle. Le sexe n'est plus une représentation esthétique mais un message politique ou encore une approche thérapeutique. Dans les années 2000, Nick Karras propose un concept de thérapie visant à restaurer une image corporelle positive de soi grâce à la visualisation et l'acceptation de sa propre intimité. Son projet photographique intitulé *Petals*, engage les femmes à regarder sans ciller, la partie cachée de leur anatomie… jusqu'à l'aimer. C'est ce que proposera aussi Frannie Adams de 2009 à 2011 en proposant aux femmes spectatrices de faire leur double portrait en mettant côte à côte leur visage et… leur sexe. Mais nous ne sommes plus dans la liberté de ton qu'offraient les années 1980. Les « seconds visages » ne sont pas du goût de certains qui n'hésitent pas à monter au créneau pour menacer les femmes et détruire le projet. Les *Pussy Portraits* ont déchaîné les commentaires haineux (anonymes bien sûr) sur la Toile. À la même époque, l'artiste Wrenna Robertson effectue une soixantaine de photographies de femmes âgées de 19 à 60 ans, jambes écartées, vulve de face. Le but ? Montrer ce qui est censuré par la société autant qu'informer le grand public sur l'anatomie féminine. Les travaux de Robertson sont comme des documentaires esthétiques dont la fonction ultime est pédagogique. L'art devient le médium pédagogique du sexe. Si l'art des décennies précédentes s'est tourné vers l'éros, le moi autobiographique puis le thanatos, l'art des années 2000 et 2010 s'est emparé de l'éducation à la sexualité et s'est affirmé au travers de revendications de plus en plus genrées... Et le message politique s'affirme.

Le phénomène n'est pas nouveau. En 2013 déjà, après la publication, l'année précédente, de *The Little Book of Big Penis* (à ne pas mettre en toutes les mains), les éditions Taschen annoncent la parution de *The Little Book of Pussy*. Raz de marée : le livre se vend à des millions d'exemplaires et est très vite épuisé. Entre répulsion et fascination, le sexe féminin ne laisse personne indifférent.

Cela, les musées français commencent peu à peu à le comprendre. D'une part, parce que la sexualité est un formidable révélateur d'une société, d'autre part parce que son champ d'analyse et de vulgarisation demeure cantonné pour l'heure dans des niches bien spécifiques qui ne demandent qu'à s'extérioriser sur la scène contemporaine. À considérer les programmations muséales de ces dernières années en France, force est de constater que les choses sont en train de changer (« Futurs of Love. Explorer l'avenir de la vie amoureuse et sexuelle », en 2019 aux Magasins généraux, à Pantin, en région parisienne ; « De l'amour », en 2020 au palais de la Découverte ; « L'empire des sens » en 2021 au musée Cognacq-Jay, toujours à Paris…). Mais jusqu'où iront vraiment les musées dans leur rôle de vulgarisateur et de producteur de savoir humain ? Oseraient-ils se lancer par exemple dans une grande exposition sur l'orgasme à destination du grand public dans les années à venir ? N'oublions pas que l'audacieux – mais très sérieux – musée de l'Érotisme, à Paris, a dû fermer ses portes en 2016 alors que les sphères de l'érotisme et du sexe dans la vie privée (sites de rencontre, tchats, vente de sextoys, cybersexe) ne se sont jamais aussi bien portées dans notre société…

Chapitre 3

Les nouveaux mondes sexuels

« Le sexe est une des neuf raisons qui plaident en faveur de la réincarnation. Les huit autres sont sans importance. »

Henry Miller

Incontestablement, l'arrivée du numérique dans nos vies a bouleversé nos horizons et nos modes d'action. Sur plus de vingt ans, Internet est venu nous dicter de nouvelles règles de vie professionnelle, sociale mais aussi personnelle. Les rapports entre les individus se sont transformés au rythme des écrans et des objets connectés. Cela jusque dans les sphères les plus intimes de la vie privée. Et ce n'est pas fini. Il est impossible d'ignorer les nouveaux modes de jouissance que la crise sanitaire et sociale de la pandémie de Covid-19 a induits.

Pandémie, sextoys et cybersexualité : en présentiel ou distanciel[1] ?

La sexualité fait office de véritable baromètre de la santé physique et psychique des individus. C'est pourquoi la question du désir, de l'amour et des rapports intimes dans le contexte de la Covid-19 est un thème majeur, qui en dit long sur l'état de santé d'une société. Davantage encore quand la pratique clinique et les récentes études scientifiques démontrent une seule et même chose : entre 2020 et 2021, la sexualité des Français s'est métamorphosée. Les orgasmes aussi.

Depuis le premier confinement, en mars 2020, la pandémie a radicalement transformé les modes de rencontre et les relations sexuelles entre les individus. Les différents confinements, déconfinements et couvre-feux ont imposé leur lot de restrictions et de gestes barrières – certes justifiés –, avec des conséquences psychocorporelles que les acteurs de santé (notamment les psychiatres et psychologues mais aussi les addictologues et les sexologues) ne peuvent ignorer. Derrière les choix politiques et prophylactiques, c'est un nouveau rapport à soi, aux autres et au monde qui s'est sinon imposé du moins redessiné. Pour une majorité d'êtres humains la règle générale est devenue la suivante en 2020 : on ne se voit plus, on ne se touche plus et on ne s'embrasse plus, ou alors à distance ! Voilà une injonction bien paradoxale

1. M. Croset-Calisto, « La sexualité et la question du désir en temps de crise », vidéo citée.

en matière de sexualité et d'intimité. Qu'est-ce à dire ? Et quelles peuvent bien être à moyen et long terme les conséquences d'une telle nécessité de distanciation humaine ?

Disons-le sans détour, une révolution est en cours dans les pratiques sexuelles des Français depuis la pandémie. Les prémices étaient latentes, elles bouillonnaient jusqu'alors dans l'ombre des alcôves. La pandémie a seulement ôté le voile et fait céder la chevillette et les verrous à demi ouverts sur l'horizon de nouveaux agirs.

Deux phénomènes se sont particulièrement développés dans la vie sexuelle des Français depuis mars 2020, jusqu'à générer de nouveaux scripts intimes.

- La pratique de la cybersexualité : on a assisté à l'explosion des connexions Internet à des fins sexuelles, à l'essor des camgirls, des inscriptions et des tchats sur les sites de rencontre, aux pratiques du sexting entre les partenaires, à l'envoi de « dick pics », à l'amour par écrans interposés, etc.
- L'explosion des ventes de sextoys – principalement via les sites d'achat en ligne[1].

Dans les couples éloignés qui entretenaient une relation stable, les confinements, les limitations de déplacement, l'isolement et la distanciation physique ont empêché les partenaires de satisfaire leurs désirs. La nouveauté est que la sexualité a néanmoins pu être

1. Voir à ce propos *ead.*, « Du premier vibromasseur au sex-toy Pokemon, petite mécanique du plaisir », *Huffington Post*, 8 août 2016.

vécue, mais selon des modes d'action différents : grâce à l'utilisation accrue d'Internet et des écrans. Comme le rappelle la revue *Sexologies*, « la pratique du sexe en ligne avec le partenaire stable ne vivant pas sous le même toit a aidé certaines personnes à maintenir leur désir, à le satisfaire et à le préserver en vue de la fin de la pandémie[1] ». En ce qui concerne les consultations en sexologie, j'ai pu entendre très souvent de la part de mes patients que le recours à la cybersexualité et au sexting (messages, photos et vidéos à caractère sexuel envoyés au partenaire dans le but de stimuler son imaginaire et de procurer une excitation sexuelle) a été très fréquent, c'est-à-dire plurihebdomadaire, voire multiquotidien. De même, l'utilisation de sites de rencontre a permis aux célibataires de faire bon nombre de rencontres virtuelles, le passage à l'acte se passant principalement ensuite en visio, chacun utilisant la masturbation pour une sexualité fondée sur une pratique « cyber », essentiellement sonore et visuelle. À ce propos, l'enquête française menée par Brice Gouvernet et Mireille Bonierbale à propos de l'impact du confinement sur les cognitions et émotions sexuelles a démontré que « l'augmentation des relations sexuelles [numériques] a contribué à minimiser la probabilité d'apparition des émotions sexuelles négatives. Les cybersexualités ne sont donc pas *de facto* pathologiques, ou synonymes de comportements à risque, contrairement aux représentations encore dominantes ». Il n'en reste pas moins que

1. « Covid-19 et Sexualité », *Sexologies*, vol. 30, n° 1, www.sciencedirect.com/journal/sexologies/vol/30/issue/1.

les cyberéchanges sexuels posent question notamment par rapport au respect de la vie privée[1].

Mais revenons aux sextoys. D'après les dernières études relayées par l'AFP, les ventes d'accessoires sexuels ont enregistré durant la pandémie une nette augmentation mondiale, sans compter le marché français qui connaît, depuis 2020, une véritable explosion en la matière. Si les sextoys intégraient lentement mais sûrement les foyers français depuis une dizaine d'années, la vente de jouets intimes a fait un bond astronomique à en croire les chiffres des revendeurs et des industriels.

En 2020, la proportion de la population française étudiée ayant déjà utilisé un sextoy a dépassé pour la première fois le seuil symbolique des 50 % : 51 % des personnes âgées de 18 à 69 ans déclarent en avoir déjà utilisé dans leur vie, soit un niveau en hausse continue par rapport à ceux mesurés les années précédentes : 48 % en 2017, 37 % en 2012, 9 % en 2007 et à peine 7 % en 1992[2].

La banalisation des jouets intimes dans la vie sexuelle des célibataires, mais aussi des couples, n'est plus un sujet honteux. Pour preuve, l'entreprise berlinoise Wow, qui commercialise sept marques de sextoys dont le très

---

1. B. Gouvernet, M. Bonnierbale, « Impact du confinement Covid-19 sur les cognitions et émotions sexuelles », *Sexologies*, vol. 30, n° 1, www.sciencedirect.com/science/article/pii/S1158136020301109.

2. Étude Ifop pour Le Passage du Désir.fr réalisée par questionnaire auto-administré en ligne du 27 au 30 novembre 2020 auprès d'un échantillon de 2 012 personnes, représentatif de la population âgée de 18 ans et plus résidant en France métropolitaine. Les données sont affichées sur la base des personnes âgées de 18 à 69 ans, www.ifop.com/wp-content/uploads/2021/02/infogra.pdf.

populaire Womanizer, un stimulateur clitoridien dont il s'est vendu déjà des millions d'exemplaires en Europe, a triplé son chiffre d'affaires et doublé ses ventes en France, affichant une augmentation des ventes de son modèle fétiche de 153 % en 2020. Idem pour la marque du même groupe We Vibe, qui commercialise des sextoys connectés pour les couples. Là, les ventes ont augmenté de 40 % en un an dans le monde et de 113 % en France[1]. Même tendance pour la marque suédoise LELO. La recherche et la promotion du bien-être sexuel donnent lieu à une démocratisation des jouets intimes. Et pour la première fois en 2020, la proportion de la population française ayant déjà utilisé un sextoy a dépassé le seuil symbolique des 50 %. Objet encore honteux en France il y a une quinzaine d'années, le sextoy n'est plus un tabou, il devient même un accessoire « hype », « ludique » et « design », signe de modernité érotique et sexuelle selon la plupart des utilisatrices et utilisateurs.

Ces nouveaux « agirs sexuels » ont fait office de parades face aux injonctions de contact limité pendant la crise, ce qui explique le regain des rapports sexuels apparu à la fin 2020. En effet, durant le mois de novembre 2020, la proportion de Français ayant eu un rapport avait enregistré un net rebond au regard des statistiques du printemps précédent ; au point de concurrencer les chiffres d'avant la pandémie (soit 70 % en novembre contre 56 % en avril 2020 et 74 % avant le

1. C. Vergnaud, « La pandémie de coronavirus dope le marché des sextoys », France Bleu, 4 février 2021.

premier confinement)[1]. Cela s'explique par la connaissance, l'information et l'anticipation mentale face au second confinement mais aussi par une intimité rendue possible grâce au télétravail en commun et à l'absence des enfants scolarisés dans la journée.

Les effets du reconfinement semblent avoir suscité une demande générale de réconfort, prioritairement affectif puisque la proportion de Français admettant avoir ressenti un manque « de tendresse ou de câlins » en novembre est largement supérieure (47 %) à ceux qui déclarent avoir ressenti un manque de sexe (33 %). Il n'est pas inutile de rappeler que lorsqu'ils sont bien vécus, c'est-à-dire avec plaisir et abandon, les rapports sexuels extirpent l'humain du stress. Stress et sexe peuvent donc faire bon ménage[2].

En définitive, l'état de sidération où ont été plongés les Français lors du premier confinement a engendré une baisse notoire de leur désir, de la fréquence et de la qualité des rapports sexuels – qu'il s'agisse de sexualité procréative ou récréative. Les recherches actuelles mettent en évidence la construction de nouveaux paradigmes distinguant d'une part une sexualité de visu, « en présentiel », d'autre part une sexualité virtuelle, que l'on pourrait nommée anecdotiquement « distancielle ». Cette dernière s'appuie sur les écrans et le numérique pour fournir un support à l'imaginaire et entretenir les interactions au sein des couples éloignés, comme pour les

---

1. www.ifop.com/wp-content/uploads/2020/12/117748_Rapport_Ifop_Gleeden_2020.12.08.pdf.

2. Voir à ce propos M. Croset-Calisto, *Moins de stress grâce au sexe*, *op. cit.*.

célibataires en quête de rencontre. Il résulte de ces études une grande nouveauté : il n'y a plus une mais différentes manières officielles de vivre sa sexualité. À l'instar de la sphère professionnelle, les modes et les possibilités de « distanciel » ou « présentiel » ont intégré la sphère intime. Le recours à la cybersexualité et l'utilisation de sextoys ont permis de créer et de vivre une sexualité affranchie des contraintes sanitaires, et de plus personnalisée. L'ancrage de ces pratiques est désormais attesté en France, notamment dans la génération X (40-55 ans) et surtout la génération Y (20-40 ans). Toutefois, les résultats de ces nouveaux paradigmes, que nous allons développer dans les derniers chapitres de ce livre, resteront à observer et analyser au fil du temps. La question de la protection des données et de la vie privée sera sûrement au cœur des débats futurs.

Il est à noter toutefois que parallèlement à l'essor de nouvelles pratiques cybersexuelles, la nécessité du lien, du toucher, du peau à peau qui permet la conscience de soi et de l'autre s'est affirmée également comme un enjeu essentiel de la sexualité tout au long de la crise sanitaire. Par-delà le sexe, le besoin d'intimité, de caresses et de réconfort se sont réaffirmés. Cela transparaît de manière criante dans la sphère érotique mais se retrouve également au cœur de tous les échanges humains (familiaux, amicaux, professionnels). Le toucher, les embrassades, les baisers participent de ce « Moi-peau », comme l'a défini Didier Anzieu, qui structure notre être et notre rapport au monde. Et comme nous allons le voir dans les pages suivantes, un basculement du Moi-peau au Moi-cyborg est en train d'apparaître dans notre société hyperconnectée…

Mais que les sceptiques se rassurent, tout comme le livre numérique n'a pas détrôné le livre papier, ou comme le streaming n'a pas tué le cinéma, le sexe virtuel ne détrônera certainement pas la sexualité dite réelle. Tout comme le travail et le télétravail, les consultations et les téléconsultations, le présentiel et le distanciel sexuels ne sauraient s'abolir entre eux. Ils sont complémentaires et représentent des agirs différents au nom d'une seule et même quête : la pulsion de vie.

Le passage du Moi-peau au Moi-cyborg

Avec l'arrivée des écrans et des communications à distance, vivre, s'aimer et jouir au XXIe siècle est devenu une tout autre aventure que celle des temps passés. C'est pourquoi si l'on veut anticiper les orgasmes du futur, le Moi-cyborg et la cybersexualité sont immanquablement à prendre en compte et à déchiffrer. Des premiers vibromasseurs électriques de la fin du XIXe siècle aux sextoys ultraconnectés d'aujourd'hui, l'histoire de la technologie de l'orgasme s'est déployée à vive allure. Sans compter l'immixtion du virtuel dans le réel à travers la cybernétique, qui a imprégné les générations X, Y et Z depuis une vingtaine d'années. Désormais, le lien entre technologie et sexualité est avéré.

Cet ouvrage est construit sur des études et des analyses *in vivo*. C'est-à-dire dans notre fonctionnement en temps réel, puisque nous n'en sommes qu'aux prémices des recherches sur la cybernétique et la cybersexualité.

Tout est à défricher, tout est à définir. Le psychiatre Serge Tisseron et le psychologue Frédéric Tordo travaillent ardemment sur le sujet depuis quelques années. Leurs travaux rassemblent d'ores et déjà une richesse scientifique salutaire grâce à plusieurs publications et appels à contribution. Je m'appuierai sur deux de leurs essais pour dérouler le dernier chapitre de ce livre : *Le Moi-cyborg. Psychanalyse et neurosciences de l'homme connecté* et *Robots : de nouveaux partenaires de soins psychiques*[1].

Pour comprendre les enjeux des nouveaux types d'orgasmes dans notre société (notamment les orgasmes « cyber »), il me semble utile de faire un petit détour par la définition des termes et des pratiques qu'ils recoupent. À l'origine, il y a la publication en 1985 du *Moi-peau*[2], du psychanalyste et professeur de psychologie Didier Anzieu. Ce livre représente la porte d'entrée pour comprendre la relation de l'homme à lui-même. Dès la naissance, la peau remplit huit fonctions essentielles qui sont peu à peu intériorisées par l'être humain. Ce Moi-peau est une enveloppe corporelle qui sert de support à la constitution des fonctions psychiques de tout individu. Didier Anzieu montre comment la peau fait office d'étayage des fonctions psychiques grâce aux huit mécanismes suivants :

- la construction d'un appui intérieur,
- la capacité de contenir ses propres représentations,
- la protection contre des excitations excessives,

1. F. Tordo, *Le Moi-cyborg*, *op. cit.* ; S. Tisseron et F. Tordo *Robots : de nouveaux partenaires de soins psychiques*, *op. cit.*.
2. D. Anzieu, *Le Moi-peau*, Dunod, 1995 (rééd).

- l'information et l'inscription de traces,
- la réunion de sensations d'origines diverses,
- l'étayage de l'identité,
- le soutien de l'excitation sexuelle,
- le maintien de la tension énergétique.

Cette théorie tient toujours aujourd'hui et sert de support à de nombreux accompagnements thérapeutiques. Cependant, avec l'arrivée du numérique dans nos vies, notre quotidien s'est transformé. Et notre identité avec. Avec Internet, depuis une trentaine d'années, l'apparition d'une externalisation des fonctions psychiques de l'humain dans des objets numériques a vu le jour. Cela a eu pour conséquence de transformer peu à peu notre rapport au monde et à soi, jusqu'à créer une enveloppe technologique que les chercheurs appellent aujourd'hui le « cyborg » (contraction de « cybernétique » et « organique ») et plus précisément encore, le « Moi-cyborg ». Comme l'indiquent Serge Tisseron et Frédéric Tordo, cette nouvelle enveloppe corporelle, faite d'organique et de cybernétique, se construit à travers un processus bien particulier d'augmentation et/ou d'hybridation. Mais pour en arriver au Moi-cyborg, encore faut-il définir le terme de *cyborg*.

Le cyborg, c'est l'homme connecté en permanence à la machine (ordinateur, téléphone, écran, exosquelette, prothèse, orthèse…). L'identité de l'individu « cyborg » résulte de l'hybridation de matériaux biologiques et technologiques. L'homme est donc augmenté (c'est-à-dire qu'il a bénéficié d'une amplification ou une extension ou un remplacement, comme avec une prothèse[1]) ou hybridé (adjonction de systèmes technologiques aux systèmes biologiques). L'hybridation repose aussi sur un processus d'externalisation de soi qui est au fondement de la vie psychique (comme on l'a vu avec les fonctions de la peau définies par Anzieu) et qui engage une nouvelle relation aux autres, aux objets mais aussi à l'identité. C'est à partir de cette nouvelle identité, cette identité augmentée, hybridée ou robotisée pourrait-on dire, qu'apparaît le Moi-cyborg.

Pour reprendre la théorie de Frédéric Tordo, le Moi-cyborg est une instance psychique construite sur l'étayage des fonctions psychiques par des fonctions non pas corporelles comme dans le Moi-peau, mais technologiques. On assiste à l'apparition d'une nouvelle surface du Moi, avec l'inscription des technologies dans le Moi. Par étayage, le Moi-cyborg assure donc une fonction de « support de l'identité » et du « sentiment d'existence ». Le Moi-cyborg, grâce à la technologie, permet de contenir les variations psychiques (c'est « la fonction de contenance du Moi-cyborg »).

En pratique, pour les générations connectées, ces mécanismes engagent souvent la création d'un avatar comme support numérique du Moi-cyborg. L'avatar va posséder les mêmes vertus que les fonctions contenantes du Moi-peau (enveloppe contenante, pare-excitation, vecteur d'auto-empathie, inscription de traces, support qui maintient l'être et le préserve de la décompensation...). De même, les psychothérapies utilisent de plus en plus

1. À l'instar du crâne de l'héroïne du film *Titane*.

les avatars et la technologie comme supports et inducteurs de soin. Parmi ces technologies, les jeux vidéo et les robots ont donné lieu à un grand nombre de recherches et sont désormais fréquemment utilisés dans les structures spécialisées. La technologie devient dans le même temps objet thérapeutique (elle améliore le soin), médiation relationnelle (elle améliore la qualité du soin et l'alliance thérapeutique) ou encore cybermédiation (elle améliore la qualité de la relation et le soin)[1]. Aussi, il n'est pas trop osé de déclarer que la technologie s'est immiscée dans nos vies professionnelles ainsi que dans toutes les sphères de notre univers personnel, y compris sexuel.

Les orgasmes du futur : avatars, métavers et trans@sexualité

Le cybersexe englobe toute sexualité qui utilise le médium numérique et technologique pour se pratiquer. Webcam et micros pour les tchats en ligne, appareil photo pour les « dick pics », vidéo pour les sextapes, vibromasseurs connectés, avatars des jeux vidéo dans les « sexrooms » du métavers[2]... Dès 2002 aux États-Unis, la cybersexualité a fait l'objet d'études auprès des addictologues qui ont vu très vite se déployer de nouvelles addictions sexuelles par le biais des écrans. Le psychologue Al Cooper et son équipe

1. Voir à ce propos l'article de F. Tordo, « Utilisation des jeux vidéo et des robots en psychothérapie. Une revue de la littérature », *Neuropsychiatrie de l'Enfance et de l'Adolescence*, octobre 2021.

2. Les métavers (contraction de « méta » et « univers ») sont des mondes virtuels, donc fictifs, et connectés grâce à Internet.

ont référencé à ce propos trois degrés d'« accroche » auprès des utilisateurs : le cybersexe récréatif, le cybersexe à risque addictif, le cybersexe compulsif.

À l'instar de la définition de l'orgasme, c'est donc par des voies détournées et spécifiques telles l'addictologie et la psychologie que l'on accède à une première définition du phénomène cyborg en tant que tel. Les excès et dépendances sont des états faciles à détecter dans le réel : ils constituent la pointe de l'iceberg qui permet de comprendre ce qui se joue en deçà, d'une manière plus souterraine. Puisque l'addiction aux jeux vidéo, aux écrans, au cybersexe nous permet de comprendre les mécanismes génériques de ce dernier, il serait regrettable de s'en priver. Car la génération X et surtout les jeunes générations Y et Z ont grandi avec Internet. Les ados sont donc en première ligne face au phénomène. Comme nous l'avons vu, les écrans sont comme des prothèses au bout de leurs doigts qui ont structuré de nouvelles manières d'agir et surtout de penser. Avec les neurosciences, on sait désormais que l'homme connecté fait fonctionner son cerveau différemment. L'apport de la technologie dans le développement de l'être humain modifie l'articulation des aires cérébrales entre elles. En cela, le Moi-cyborg est une néo-identité, c'est-à-dire une identité qui interfère de manière différente avec le monde et l'altérité. Les codes changent, ce qui peut effrayer les générations précédentes ou produire chez elles une incompréhension, voire une répulsion face à de nouvelles pratiques et représentations qu'elles ne comprennent pas.

Mais quid de l'orgasme et de la sexualité ? Il faut dire qu'un schisme générationnel apparaît. Le principe de plaisir étant la priorité de l'être humain, il est évident que toutes ces avancées numériques ont produit des mutations dans la manière de faire l'amour et d'aimer. Si ce n'est pas encore le cas pour les anciennes générations, il est indéniable que cela l'est déjà pour les plus jeunes. D'après les études en cours, la technologie comme composante et extension de soi (le Moi-cyborg) remplit les mêmes fonctions que le Moi-peau : une fonction de surface, de soutien de l'excitation, de recharge libidinale et de maintien de la tension énergétique.

Cette nouvelle sexualité via les écrans – que même les hommes politiques, les footballers et autres personnages publics mettent plus ou moins volontairement en avant – marque un tournant dans les échanges physiques et la mise en acte du désir et des sentiments. Précisons que la pratique du cybersexe peut se faire selon plusieurs modalités :

- le cybersexe en solitaire : masturbation via les médias pornographiques (sexe passif) ;
- le cybersexe interactif : sexualité en lien avec un interlocuteur réel ou virtuel (chatbot/agent conversationnel) ou encore sexualité sublimée à travers des jeux vidéo érotiques où l'avatar « joue » le rapport sexuel ;
- la sexualité connectée : mise en relation avec un partenaire à travers Internet (tchat, « dick pics », sextape), sextoys connectés entre partenaires.

Frédéric Tordo appelle ces nouvelles sexualités « la trans@sexualité ». Ce mot ne doit pas être confondu avec le transsexualisme qui concerne non pas les pratiques, mais des perméabilités de genre et de sexe. La trans@sexualité est une sexualité cybernétique et donc transversale, d'un monde (réel) à un autre (virtuel). Tordo en détaille les spécificités grâce aux trois points suivants[1].

- La sexualité est excitée, éveillée par le contact direct ou par la connexion indirecte de son corps avec les technologies – usage d'un instrument dédié (vibro connecté) ou d'un objet détourné de son usage dans le même but (manette de jeu).
- Cette sexualité permet de nouvelles formes de sensorialité et de nouvelles sensualités, voire production de zones d'excitation inédites dans la proprioception (plaisir de sentir son corps dans l'espace, notamment à l'aide de la technologie augmentée), l'intéroception (le fait de sentir l'intérieur de son corps, par l'intermédiaire d'implants par exemple), le plaisir scopique (plaisir induit par les stimulations visuelles, par le biais du numérique notamment), le plaisir épidermique (qui engage la sensorialité tactile et l'ensemble de la peau). Cette sexualité retourne aux fondements de l'identité humaine dans la mesure où elle se manifeste sur le territoire même des premières relations d'excitation par le contact avec un autre. Sexualité qui passe par les contours corporels comme aux origines.
- La sexualité est capable de migrer vers des territoires autres (le numérique par exemple), passant par de nouveaux objets (robots, avatars numériques) ou encore de nouveaux genres (masculin, féminin, neutre, voire non humain).

---

1. F. Tordo, *Le Moi-cyborg*, *op. cit.*, p. 121.

Ces trois définitions sont essentielles pour comprendre l'ensemble des enjeux individuels mais aussi sociétaux que la cybersexualité génère. Dans de nombreux articles et ouvrages, la psychanalyste Joyce McDougall utilisait déjà le terme de « néo-sexualité » pour décrire les comportements sexuels qui défiaient les normes établies. Concernant la paraphilie (perversions) ou les simples décalages face aux usages, Joyce McDougall a fait bouger les codes de l'entendement sexuel normé. Elle a ouvert le champ à d'autres horizons laissés pour compte ou pathologisés parce qu'inconnus, incompris ou trop éloignés de la morale du « sexuel ordinaire », selon la formule de Denis Baron dans son ouvrage *Corps et artifices*.

Pourtant, en matière de plaisir et d'orgasme, la cybersexualité semble pouvoir apporter une « réelle » palette de stimuli et de décharges sexuelles. Les témoignages relatifs aux orgasmes vécus en situation de cybersexe sont de plus en plus nombreux. À en croire l'explosion du chiffre d'affaires des ventes de sextoys connectés rien que dans la vie des couples, il n'est pas étonnant d'imaginer des pratiques génératrices de sensations inédites et démultipliées telles que les décrivent les « générations cyber » (12-35 ans) mais aussi des gamers ou certains geeks invétérés.

Par ces nouveaux modes de sexualité, entraînant une multitude de jouissances et d'orgasmes inédits, nous ne faisons qu'élargir notre potentiel de renaissance à travers le plaisir orificiel[1].

1. D. Baron, *Corps et artifices, de Cronenberg à Zpira*, L'Harmattan, 2007.

Comme le souligne Denis Baron, cette nouvelle sexualité consiste à « détourner les anciennes fonctions sexuelles normatives qui visent à la conservation de l'espèce pour en créer de nouvelles et déterminer d'autres lieux de jouissance, de nouveaux organes excitables ».

Il s'agit non pas de supprimer les plaisirs que le corps peut offrir, mais d'élargir, d'augmenter les paramètres corporels du plaisir, extrapoler le corps à d'autres dimensions sensitives, à d'autres genres, à d'autres lieux, transformant son corps en un espace orgasmique. Dans cette entreprise de soutien de la sexualité, l'individu déterritorialise ses zones de plaisirs dans une forme de traversabilité (Freyheit, 2014) en appui sur les technologies[1].

Depuis plusieurs décennies la sexualité s'est désexualisée. Les lieux de la jouissance ont muté. Les considérations de sexe et de sexualité genrée tendent à être dépassées par de nouvelles pratiques, révélatrices de nouveaux schémas de pensée. Il ne s'agit plus de vagin, de pénis, d'homme, de femme, ni même d'orientation sexuelle... mais avant tout de plaisir vécu. Et ce quel que soit son genre, son sexe, son orientation. L'orgasme global prend alors tout son sens. La jouissance se mesure à partir du plaisir subjectif ressenti. Et si le cybersexe individualise potentiellement les rapports sexuels (quoique de plus en plus de couples intègrent les sextoys connectés

1. M. Freyheit, « Cyberespace et traversabilité : y a-t-il un humain derrière la Toile ? », *in Post-humains : frontières, évolutions, hybridités*, dir. E. Després et H. Machinal, Presses universitaires de Rennes, 2014.

dans leurs pratiques), il recentre et étaye érotiquement les individus qui deviennent plus attentifs au ressenti de leur vécu sexuel personnel. Après des siècles de « devoir conjugal », d'« injonction à jouir » ou à faire jouir, le cybersexe réintègre de la subjectivité dans les rapports tout en permettant d'éprouver de nouvelles sensations. Voici une piste qui pourrait décomplexer bon nombre de personnes qui ne savent plus comment s'y prendre pour éprouver du plaisir. Les études futures montreront quel rôle le cybersexe aura (ou non) dans les phénomènes d'empathie et d'interactions humaines. Car à l'instar de la transition du Moi-peau au Moi-cyborg, la cybersexualité peut modifier, étendre voire amplifier la sexualité... Tout est possible et le phénomène n'est pas nouveau, y compris en psychanalyse où nous pouvons dire comme Slavoj Zizek que « la technologie est un catalyseur, elle amplifie et améliore quelque chose qui se trouve déjà présent », en l'occurrence, un fait virtuel fantasmatique comme issu d'un objet partiel[1].

Il est donc urgent de jeter un œil du côté de ces nouvelles pratiques. La robotisation et l'augmentation de 40 % en 2020 des ventes de poupées sexuelles hyperréalistes dans le monde[2] (les Sex Doll et Cherry Doll) est un argument supplémentaire pour ne pas prendre à la légère un thème fort décalé certes, mais qui est tout sauf anecdotique. Tout comme la pornographie, dans

1. S. Zizek, *Métastases du jouir des femmes et de la causalité*, *op. cit.*, p. 11.

2. « Coronavirus en Australie : Les ventes de poupées sexuelles ont augmenté durant le confinement », *20 Minutes*, 3 septembre 2020.

notre société, qu'on le veuille ou non, la cybersexualité existe et s'immisce de plus en plus dans nos vies. C'est un fait. Fermer les yeux ou diaboliser les choses ne fera pas avancer la compréhension ni la science. Je pense donc qu'il est essentiel d'en tenir compte et de déployer des travaux en la matière (si peu de recherches sont en cours en France !) afin de ne pas passer à côté des nouvelles sexualités qui sont en train d'inscrire leurs marques en Occident à travers un processus d'extimité. Loin d'être underground, la cybersexualité propose déjà les orgasmes de demain. Les caissons à orgones de Reich avec leurs ondes orgasmiques annonçaient ce qui se joue aujourd'hui. De même, la science-fiction des années 1960 avait anticipé le réel connecté et dégénitalisé. Le film *Barbarella* s'avère par exemple d'une incroyable actualité. Les années 1960-1980 jouaient déjà les prémices des révolutions cybernétiques d'aujourd'hui.

Depuis la nuit des temps, sexe et technique ont toujours eu des accointances particulières. L'être humain a toujours fait ce « rêve étrange et pénétrant », de devenir un être augmenté. Si le XXe siècle a été celui de l'homme confronté à son histoire, le suivant est celui de l'homme confronté à la technologie. Il est à parier que l'orgasme du XXIe siècle sera cyborg ou ne sera pas.

Conclure

Faites l'amour, pas la guerre
L'orgasme apaisera le futur[1].

L'on jouit comme l'on vit. Un peu, beaucoup, passionnément, à la folie, pas du tout… Les mystères de l'orgasme se révèlent et s'effeuillent au fil des rencontres et des saisons. Dans sa définition même, l'orgasme pose déjà question. Étymologiquement, médicalement, sexologiquement, la jouissance propose mille et un chemins qui font d'elle une énigme autant qu'une bienheureuse contingence lorsqu'elle surgit. Comme je l'ai abordé tout au long de ce livre, il suffit de considérer le nombre de révolutions en cours pour découvrir à quel point la sexualité est infinie.

Centré sur le vagin, l'orgasme dual féminin a fait son temps. Centré sur le pénis, l'orgasme monofocal masculin l'a fait tout autant. Désormais, place à l'orgasme global, où les corps se réérotisent et récupèrent la multiplicité

1. Anagramme de J. Perry-Salkow, L. Castelain, *Anagrammes dans le boudoir*, Actes Sud, 2020, p. 13. Mes remerciements réitérés à Jacques Perry-Salkow.

de leur potentiel orgasmique ! Car l'orgasme global permet à l'être humain de sortir de l'ornière du tout-génital. Révolution dans l'orgasme. La jouissance des femmes n'est plus clivée (vaginale/clitoridienne) et la jouissance des hommes devient multi-orgasmique, avec notamment le point P. Dans son intégralité, le corps redevient une terre de plaisir sensible aux cinq sens (le goût, l'ouïe, le toucher, la vue, l'odorat), pour peu que l'on cherche à le stimuler via le réel ou le virtuel. La sexualité virtuelle, distancielle, cyber… voilà encore des nouveautés ! Il est par ailleurs utile de rappeler que l'orgasme ne relève pas de l'inné, il se cherche, se teste et s'apprend. Parfois même longtemps. Mais une fois connu, il marque et jalonne le vécu. Il transcende les genres et les sexes mêmes. Par-delà les orgasmes dits masculin et féminin se trouve donc une même approche psychocorporelle et langagière qui fait du corps humain un territoire, un monde, un univers sexuel et universel que j'ai proposé de nommer *universexualité*. La dégénitalisation des rapports et l'expérience de territoires érogènes multiples pour chaque sexe dessinent une nouvelle cartographie des jouissances. Les plaisirs se démultiplient. Une nouvelle carte de Tendre est en train de se dessiner.

Mutatis mutandis, étudier « les fonctions de l'orgasme » engage incontestablement une approche universelle et pluridisciplinaire qui trouve son application dans les sciences médicales, humaines et sociales. S'intéresser à l'orgasme, c'est plonger dans l'histoire des humanités et des civilisations (Freud, Reich, Marcuse, Foucault) mais aussi dans l'économie psychique des individus et, plus accessoirement si j'ose dire, dans l'économie de marché (le marché mondial et monumental du X vient sans conteste le prouver). En tant que miroir intime d'une société, la sexualité réfléchit de manière implacable les mœurs d'une époque. Il suffit de se pencher sur la littérature érotique ou d'observer les arts au fil des siècles pour saisir les enjeux philosophiques, les représentations genrées et les codes politiques de toute une société. Voilà pourquoi l'orgasme est toujours-déjà un sujet brûlant. Il touche au corps humain, au corps social et au corps politique. De surcroît, l'histoire de l'orgasme a connu et connaît encore des aventures complexes et inattendues. Si les premiers penseurs ont posé les jalons psychanalytiques de la sexualité (Freud en tête de file), les découvreurs suivants ont créé les sciences sexologiques grâce aux techniques et pratiques cliniques qui sous-tendent ces avancées. Les figures et défigures de la jouissance nous en disent long sur les habitus de nos civilisations. L'histoire du cinéma, par exemple, représente un formidable révélateur de la sexualité humaine. Depuis quelques années, le traitement accordé à l'orgasme dans les films semble avoir favorisé l'effacement des interrelations au profit d'une mécanisation des plaisirs, d'une robotisation des échanges voire d'une annihilation de certains contacts directs entre les sexes. Après le romantisme, la censure puis la vague pornographique qui constituèrent une partie de l'histoire moderne des représentations sexuelles, la sexualité 2.0 et en 3D – celle connectée, cybernétique et « intelligemment » artificialisée – incarne les grands bouleversements de la fin du XXe et du début du XXIe siècle. Aussi, après l'âge d'or de l'érotisme et du sexe libéré des années 1960-1970, la sexualité des années 1980-1990 vint marquer un coup d'arrêt aux orgasmes débridés. Maladive, violentée, aseptisée, dangereuse ou sublimée, la sexualité prophylactique des trente dernières années a laissé place à de nouveaux schémas qui font la part belle aux écrans et aux objets connectés. Actuellement, la sphère privée se retrouve imprégnée d'algorithmes amoureux et de robotique vibratoire. Plus d'un couple sur deux possède désormais un sextoy à la maison. La sexualité des années 2020 accouche au forceps numérique d'orgasmes accessoirisés.

C'est pourquoi, après l'ère métaphorique, l'ère érotique, l'ère pornographique, excentrique, nihiliste, prophylactique, il est possible de déclarer que l'ère du distanciel et du cybernétique a sonné. L'arrivée du Moi-cyborg, de ses avatars et de la cybersexualité viendra-t-elle créer de nouveaux troubles intimes dans les scripts établis ? À la suite des conceptualisations médico-psychologiques du XIXe siècle, des révolutions sexologiques des XXe et XXIe siècles, les orgasmes du futur s'annoncent-ils plus que jamais électro-niques et augmentés ?

L'histoire de l'orgasme a bien des choses à nous dire et à nous apprendre encore. Si nul autre endroit au monde ne saurait être aussi révélateur des comportements humains que l'alcôve et le lit, l'apparition de paradis artificiels à base de mondes virtuels engendre de nouveaux paradigmes sexuels. Pour le meilleur et pour le pire ? Nul ne saurait dire. Mais une chose est sûre : les frontières de l'humain ont changé.

Post-coïtum

Et après ?
Que deviendra l'orgasme ?

« Post-coïtum animal triste », déclarait le médecin grec Galien. Fort heureusement, la déprime post-coïtum – appelée aussi la dysphorie post-coïtale[1] – n'est pas automatique. Bien au contraire ! Qui dit coït ne dit pas forcément orgasme. Ceci expliquant cela.

Et si nous imaginions justement plus de coïts orgasmiques dans notre société ? Non pas en fréquence – ce qui nous ramènerait à l'injonction de l'orgasme de ces dernières décennies – mais en intensité. Des orgasmes permettant à l'éros de mieux composer avec thanatos. Et au principe de plaisir de mieux s'accorder au principe de réalité.

---

1. La dysphorie post-coïtale est une tristesse qui survient après le rapport sexuel et désigne des sentiments de mélancolie ou d'anxiété, des comportements de lassitude, pleurs, irritabilité, voire violence interne. Cela peut durer entre cinq minutes et plusieurs heures. Les études sur le sujet sont peu nombreuses et restent à mener.

Faisons un rêve.

Un rêve où le principe de plaisir ne serait plus l'adversaire mais l'allié du principe de réalité.

Un rêve de voluptés où les corps se trouveraient non plus clivés mais en résonance face aux multiples facettes de la jouissance.

Un rêve d'équité érotique via de nouvelles sensorialités.

Un rêve étrange et familier d'universexualité.

Un rêve où l'orgasme serait dans le même temps révolution et solution.

Régénération et création.

Vertige et satisfaction.

Grande Réconciliation.

Annexes

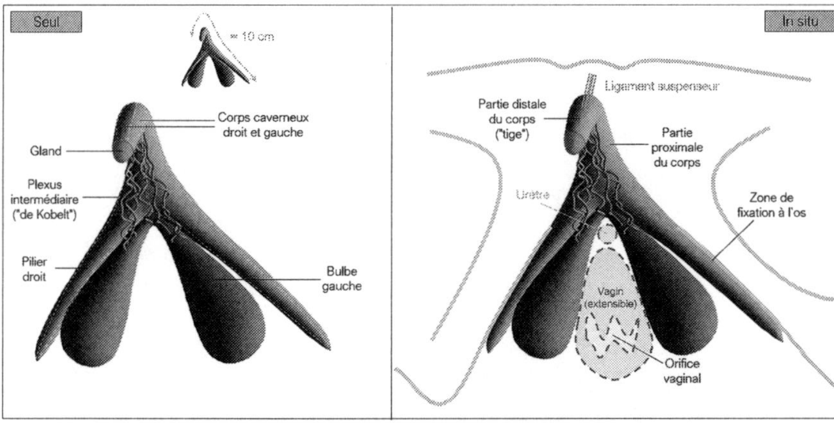

Coupe anatomique du clitoris,
© Odile Fillod, 2019, en ligne sur Clit'Info.

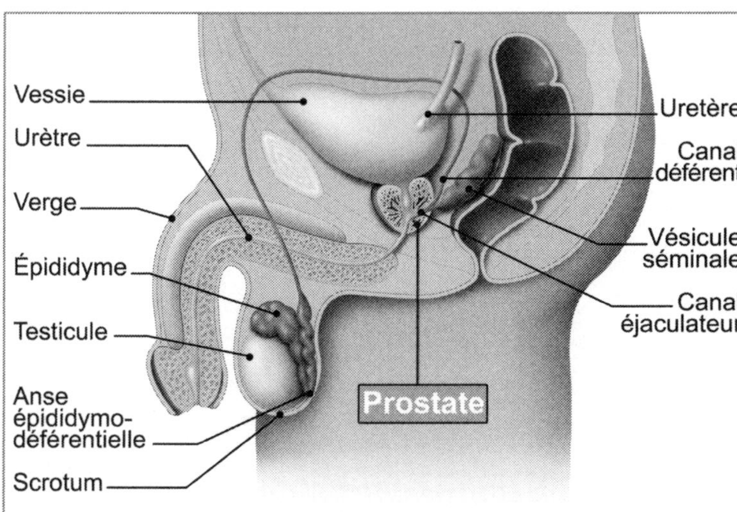

Coupe anatomique du pénis, © BSIP/JACOPIN.

Illustration page 209 : © Shutterstock.com/pixssa

Table des matières

Phase 2. Le plateau
HISTOIRES D'ORGASMES

Phase 3. CLIMAX

Phase 4. La résolution LES ORGASMES INAVOUÉS

Composition et mise en page
Nord Compo à Villeneuve-d'Ascq

Achevé d'imprimer en mai 2022
sur les presses de Normandie Roto Impression s.a.s.
61250 Lonrai
N° d'impression : 2201833

Imprimé en France

PEFC
10-31-2541
Certifié PEFC
Ce produit est issu de forêts gérées durablement et de sources contrôlées
www.pefc-france.org